お金をとことん増やしたい人のための

「資産運用」超入門

泉 正人 監修　ファイナンシャルアカデミー 編著

Discover
ディスカヴァー

はじめに

はじめまして。この本を手に取ってくださってありがとうございます。

本書は、書名にもあるように、**「お金をとことん増やしたい」と考えているけれど、まだ何もはじめていない、何からはじめていいかわからない**……という人のための本です。

本書を読み終わったときに、**自分に合った資産運用法を見つけ、実際に行動に移せるようになることをゴール**としています。

私は、「豊かな人生を送るために、お金や経済にまつわる知識を身につける総合マネースクール」、ファイナンシャルアカデミーの代表を務めている泉 正人と申します。

スクールに来る生徒さんたちにお金についてヒアリングすると、次のような声が多く集まります。

□収入を少しでも増やしたい
□ムダづかいはしたくないけれど、旅行や趣味にはお金を使いたい
□将来、実現したい夢がある
□税金や社会保険料を引くと、ほとんどお金が残らない
□節約しているのに、いつもお金が足りない
□定期預金の金利が低いことが不満
□資産運用をしたいけど、減るのが怖い
□年金が本当にもらえるか、老後が心配
□お金にまつわる不安から解放されたい
□お金の心配をせずに、心穏やかに過ごしたい

みなさんは、お金についてどんなふうに思っていますか？

今こそ、普通の人でも手軽にお金を増やせる時代

どんな人にも、お金にまつわる希望や不安はあることと思います。

でも、収入を増やすために働きすぎては、体を壊してしまうかもしれません。さらに、老後資金を貯めるために節約しすぎて、今の生活を楽しめなくなっては本末転倒です。

だからといって、方法がないわけではありません。**働きすぎたり節約に追われたりせずに、このような希望をかなえ、不安を解決できる方法**があります。

それが、**お金に働いてもらうという「資産運用」**です。

資産運用と聞くと、「悠々自適のお金持ちがやっている」とか、「お金を失うギャンブルのような印象」とか、「証券会社の手続きが複雑で面倒そう」といったイメージを持つ人も多いかもしれません。

でも、それは間違ったイメージです。実際には、私たち普通の人がかんたんに実践できる方法があり、その環境も整っています。

最近では、１００円、１０００円といった少額から株や投資信託を購入できたり、買い物で貯めたポイントを運用資金に使えたり、ネット証券の普及によって24時間、いつでもどこからでも取引ができたりと、**お金持ちでなくても、忙しい人でも、手軽にスタートできるようになりました。**

方法さえマスターできれば、夢や目標をかなえたり、老後にゆとりを持って暮らしたりするための資産を自分でつくることができ、**社会の状況に左右されることなく、自らの人生を自由に設計できるようになる**のです。

「お金を増やす運用」と「お金を守る運用」は大違い！

「それなら資産運用をやってみよう！」と思ったら、次はどうしますか？　おそらく、ネットや書籍でその情報について調べる人が多いでしょう。

世間には、いわゆる「資産運用」に関する書籍や情報があふれています。

ですが、注意が必要です。非常にまぎらわしいのですが、実は、「資産運用」という言葉は、厳密には次の2つの意味に分かれています。

1 「資産形成」：資産（お金）を運用して増やす
2 「資産保全」：資産（お金）を運用して（減らさないように）守る

言葉こそ似ていますが、この2つの資産運用方法は大きく異なります。特に注意が必要なのは、**一般的な「資産運用」の情報は、2つめの「資産保全」について語られているものが多い**ということ。

つまり、「お金を増やすための情報」だと思って学んだのに、実はそれは「すでにお金を持っている人がその資産を減らさないようにするための情報」だった――ということが少なくないのです。

自分が望んでいるのは、「資産形成」なのか、「資産保全」なのか。

目の前にある情報は、そのどちらにあたるのか――をしっかり理解することが大切です。

本書は、**世の中にはほとんど出ていない、1つめの「資産形成」**、つまり、**お金を大きく、とことん増やしたいと思っている人に向けての本**です。

PART1は、銀行預金くらいはあるけれど、まだ何も運用はしていない……という人が、**資産運用をはじめる前に知っておきたい、必要最低限の基礎知識**をコンパクトにまとめています。

PART2では、**各種の資産運用法・金融商品の特徴とメリット、デメリット**などの情報をまとめました。それぞれの特徴をおさえることで、みなさんに合う方法がきっと見つかることと思います。

PART3では、実際に資産を運用するときのベースとなる考え方であり、お金を増やすという**結果を出している人が共通して取り入れているファイナンシャルアカデミー独自のメソッド（PECDメソッド）**を本邦で初公開します。

なお、お金を増やしたいと思ったとき、いきなりデイトレ必勝法やFXで儲ける方法といったノウハウに頼ることはあまりおすすめしません。

まずは、**どんな資産運用においても共通する「お金の増やし方の本質」をつかむことが最優先**です。

本質さえつかめれば、応用が利くようになるので、どんな人にとっても、どんな運用においても、うまくいくための「本質」を本書ではお伝えしていきます。

一人ひとりが安心して、ゆとりある人生を送るために

最近は、消費税増税による生活費アップや社会保険料の上昇、年金受給年齢の引き上げに年金制度の危機、といった私たちの生活を脅かす出来事が目白押しです。

支出は増えつづける一方、給与やボーナスは上がらず、収入は増えないまま。社会全体が危機的な状況にあるといっても過言ではないでしょう。

でも、私たち一人ひとりが上手なお金の増やし方を知ることで、その危機をうまく避け

ることができるとしたら？

お金を増やすことによって、個人の不安も社会全体の閉塞状況も、上手に打開できるとしたら？

私は、**限られたお金持ちのための資産運用ではなく、普通の人が日常的に実践できる資産運用を通じて、経済的・社会的自立を手に入れ、誰もが安心して暮らせる社会を実現したい**――そのような思いを込めて本書を執筆しました。

一人でも多くの人が、本書を通じて、心もお金も豊かに自分らしいライフスタイルを楽しめるようになることを願っています。

ファイナンシャルアカデミー代表　泉　正人

CONTENTS

はじめに —— 003

今こそ、普通の人でも手軽にお金を増やせる時代 —— 005

「お金を増やす運用」と「お金を守る運用」は大違い！ —— 006

一人ひとりが安心して、ゆとりある人生を送るために —— 009

PART 1 基礎知識編

資産運用をはじめる前に最低限、これだけはおさえましょう！

そもそも、「資産運用」とは？ —— 018

資産運用は、働くあなたの最強のサポーター —— 018

資産運用は、未来の自分へのプレゼントでもある —— 021

なぜ「資産運用」をやったほうがいいの？ —— 025

人生を支える「2つの収入」
——2種類の働き方で将来の不安を消し去る —— 025

どんな人でもお金持ちになれるたった1つの方法とは？ —— 031

資産運用って、お金を増やすこと？お金を減らさないこと？ —— 036

そもそも、資産運用の「資産」とは？ —— 038

安全な資産運用のための3つのポイントとは？ —— 039

資産運用は専門家（プロ）に任せればいい？ —— 043

資産運用で得られる3つのメリットとは？ —— 045

資産運用にかかるコストはどれくらい？ —— 050

お金の機能をフル活用しよう　053

お金には3つの機能がある　053

現金だけが通貨ではない　──クレジットカード、電子マネー　059

新しいお金の形──仮想通貨(暗号資産)　062

最低限、知っておきたい経済の仕組み　067

経済の原理原則を知っておけば、資産運用に有利にはたらく　067

経済のからくりがわかれば、お金が増やせる　072

金利の原理・原則を知っておこう　076

金利が生まれる仕組みとは？　076

「信用経済の社会」で大切なこととは？　079

クレジットには、貸し手と借り手がいる　081

私たちの貯金は、資産運用に回っている　084

PART 2 資産運用法・金融商品ガイド編

自分にぴったりの資産運用法を見つけましょう！

資産運用5つのキーワード　088

「リスク＝危険」じゃない！──リスクの意味を知れば怖くない　099

「ボラティリティ」とは、知識や経験ではどうすることもできないもの　105

知識と経験があれば、「リターンを最大にし、リスクを最小にする」のは可能　107

無知こそ、最大のリスクである 110

資産運用法解説ページの読み方 116

1 株式 119

そもそも、「株式」とは？ 120
「株式投資」とは？ 121
株式投資のコストは？ 125
株式投資のメリットは？ 127
株式投資のデメリットは？ 128
基本的な資産運用法と目指せる成果は？ 131

2 債券 133

そもそも、「債券」とは？ 134
「債券投資」とは？ 134
債券投資のコストは？ 138
債券投資のメリットは？ 140
債券投資のデメリットは？ 141
基本的な資産運用法と目指せる成果は？ 143

3 不動産 144

そもそも、「不動産」とは？ 145
「不動産投資」とは？ 145
不動産投資のコストは？ 148
不動産投資のメリットは？ 159
不動産投資のデメリットは？ 161
基本的な資産運用法と目指せる成果は？ 163

column
「借り入れ＝悪」ではない！ 高額物件購入で高利回りの家賃収入を実現 164

4 商品（コモディティ） 167

そもそも、「商品」（コモディティ）とは？ 168

「商品取引」とは？ 168
商品先物投資のコストは？ 173
商品先物投資のメリットは？ 174
商品先物投資のデメリットは？ 176
基本的な資産運用法と目指せる成果は？ 179

5 投資信託 181

そもそも、「投資信託」とは？ 182
「投資信託で運用する」って、どういうこと？ 183
投資信託のコストは？ 186
投資信託のメリットは？ 189
投資信託のデメリットは？ 190
基本的な資産運用法と目指せる成果は？ 192

6 現預金（為替） 193

そもそも、「現預金」とは？ 194
「ＦＸ」ってどんなもの？ 200
ＦＸのコストは？ 202
ＦＸのメリットは？ 204
ＦＸのデメリットは？ 206
基本的な資産運用法と目指せる成果は？ 208

7 その他資産、デジタル資産など 209

「未公開株」とは？ 211
「美術品（絵画・骨董品など）」とは？ 213
「太陽光発電システム投資」とは？ 214
「暗号資産・仮想通貨」とは？ 215
「クラウドファンディング」とは？ 218
それぞれを運用する場合のコストは？ 223
その他資産、デジタル資産のデメリットは？ 225

column
おトクな「ＮＩＳＡ」、「ｉＤｅＣｏ」制度を知っていますか？ 226

PART 3 実践編

資産運用は、王道の「PDCAメソッド」に従ってはじめましょう！

結果を出している人は、どのようにして資産を運用しているのか？ —— 232

初心者向け資産運用情報の落とし穴 ——「分散投資」では大きく増えません！ —— 234

「資産を増やす運用」と「資産を守る運用」は別物！ —— 237

お金を増やしたい人の王道の方法、「PECDメソッド」 —— 239

「9つの質問」で、自分のタイプを知っておこう —— 239

「PECDメソッド」とは？ —— 244

1 PLAN期

具体的なPLAN（計画）を立てる —— 248

P1：現状を把握する —— 250

P2：目標を設定する —— 252

P3：目標の達成手段を知る —— 254

2 EXPERIENCE期

幅広くEXPERIENCE（経験）を積む —— 260

自分に合った資産運用法を見つけるには？ —— 262

3 CONCENTRATION期

得意な運用にCONCENTRATION（集中）する —— 265

富裕層は、どのようにして富裕層になったのか？ —— 266

2つのものを「集中」させる —— 269

4

DIVERSIFICATION期

DIVERSIFICATION(分散)してお金を守る —— 272
分散投資で大切な「アセットアロケーション」の考え方 —— 273
ポートフォリオをつくってみよう —— 276
「家賃収入」を手に入れることで、長期的な安定を目指そう —— 279
column
うまい話にだまされないために —— 281
おわりに —— 292

本書の内容は2019年11月現在のものです。また、本書は特定の金融商品を推奨するものではありませんので、投資の最終判断はご自身の自己責任でお願いいたします。

PART

1

基礎知識編

資産運用をはじめる前に
最低限、
これだけはおさえましょう!

そもそも、「資産運用」とは？

資産運用は、働くあなたの最強のサポーター

収入を増やしたい、今あるお金を少しでも増やしたい、と思うことはありませんか？やりたいことがたくさんあって、将来に備えてお金を多く持っていたいと考える人も多いことでしょう。

お金を増やす方法は2つしかありません。

お金を増やしたいと思ったら、まず思いつくのが働いてお金を稼ぐという方法です。がんばって出世して給料アップを達成するか、少しでも高収入の仕事に転職するか、あるいは週末の空いた時間に副業をするか……。いずれも、自分が働いてお金を稼ぐ方法です。

働くことはすばらしいことですが、それに伴う厳しさもあります。混み合う通勤電車や職場の人間関係、繁忙期は残業が続くこともあるし、限界までがんばったけれど会社の業績悪化でボーナスカットということもあるでしょう。

毎日が自由時間というわけにもいきません。労働や時間と引き換えに、給与という収入があるのです。

でも、実はもう1つ、収入を増やす方法があります。しかも、あなた自身は働かないで、お金が増える方法――それが、**「資産運用」**です。

資産運用とは、自分のお金に働いてもらって、お金を運んできてもらうことです。

今あるお金を元手に、株式や投資信託、債券などを購入してその分配金や利回りによる利益を、もう1つの収入の柱にできます。

お金が増えていく仕組みさえつくれば、あなたが会社で働いているときも、友人と楽しく遊んでいるときも、寝ているときも、休むことなく、コツコツと利益を生み出してくれるのです。

言ってみれば、どんなときも共に歩んでくれるサポーターのようなもの、あなたと共働きしてくれるパートナーのようなものです。

がんばって働いて獲得した給与収入を銀行に預金しても、普通預金の金利はわずか0・001%（2019年現在）、残念ながらほとんど増えません。ですが、資産運用なら年利3〜5%、やり方によってはそれ以上に増えることも。

同じ金額を貯金するのと資産運用するのとでは、たった1年でも数万円から数十万円の差がつきます。10年、20年と続けていけば、数百万、数千万円という差にもなりえます。

運用方法によっては、元のお金の2倍、3倍と増やすこともできます。給与を2倍、3倍にしようと思っても現実的には難しいものですが、資産運用ならそれは実現可能なのです。

資産運用は、未来の自分へのプレゼントでもある

それから、この資産運用（というサポーター）のすごさは、**長い時間をかけることでお金を大きく育ててくれる**ことです。

スタート時の金額は少なくても、時間をかければ大きく育ちます（詳細は後ほどお伝えします）。ですから、もし10年後に世界一周旅行をする夢があるならばその達成資金を準備できるし、30年後の老後資金をつくりたいのなら未来の自分がゆとりある生活を送れるように、自分で年金を準備できるわけです。

たとえば実際、毎月3万円ずつの積立投資を30年間、5％で運用したとすると、トータル2496万7759円になります（元金1080万円、運用益1416万7759円・税金なしで計算）。

「資産運用」は、**時間をかけてお金を積みあげていく「未来の自分へのプレゼント」ともいえる**でしょう。

もう1つ、**資産運用を通じて、社会や経済を支えるシステムに参加できる**のも魅力です。日本を含め世界中のお金を必要としている人々や会社にお金を投じることで、その人たちが豊かになったり成功したりすれば、利益となって戻ってきます。

たとえば、大好きな食品を販売しているメーカーの株を買ったり、難病の特効薬を開発している製薬会社の株を買ったりする形で応援できるのです。つまり、感謝されるうえにお金も増えるという意味で、生きたお金の使い方にもなるのです。

ではここで、資産運用のポイントをざっくりまとめてみましょう。

- お金自身に働いてもらうことでお金が増えていく
- 貯金とは異なり、元のお金（元手）を2倍、3倍に増やすことも可能
- 少額からスタートして時間を積み重ねることで、将来の資産をつくれる
- 投資を通じて、人や会社を支援できて、自分のお金も増える

「資産運用でお金を増やす」と聞くと、「なんだか難しそう」とか、「お金持ちがやっていることで、自分とは関係ない」と感じる人もいるかもしれません。でも、**安全で着実な資産運用は、実はもっと身近なもので、私たちの人生をサポートしてくれる、とても強い味方**なのです。

最近では、株式や投資信託も月々わずか1000円ほどではじめることができたり、買い物で貯まったポイントを購入費用にあてたりすることもできます。

また、ネット証券の普及で、24時間いつでもインターネットから購入や売買の注文ができたり、積立購入のように初回の設定だけしておけばあとは「ほったらかし投資」ができたり、と忙しい人でも実践できるようになっています。

スマートフォンやインターネット環境を使いこなせる人ほど、スタートしやすい、絶好のチャンスなのです。

それも、**ほんの少額からでもはじめられるので、あなたに合った資金からのスタートで大丈夫です。**

株式や債券、投資信託などさまざまな資産運用の手段から自分に合ったものを選び、安全性を考慮しながら長い時間をかけて運用すれば、得られる利益も大きくなります。

本書では、一攫千金のギャンブルのような方法ではなく、普通の人が毎日の暮らしや老後を、ゆとりを持って過ごすための資産運用についてお伝えしていきます。

なぜ「資産運用」をやったほうがいいの？

人生を支える「2つの収入」——2種類の働き方で将来の不安を消し去る

前の項目で、お金を増やす2つの手段について触れましたが、もう少しくわしくお伝えします。

収入には、次の2種類があります。

1　自分が働いてお金を得る（フロー収入）
2　資産運用によってお金を得る（ストック収入）

① 自分が働いてお金を得ること（フロー収入：労働所得）

働いて、その対価として毎月入ってくる収入のことを「フロー収入」といいます。いわゆる給与や労働所得のことで、働いた分だけ確実に収入があり、マイナスになることはないというメリットがあります。その一方で、働けないと収入が途絶える（病気になったり退職したりすれば収入ゼロ）というデメリットも。

② 自分のお金・資産に働いてもらってお金を得ること（ストック収入：資本所得）

金融資産や不動産などを所有し、労働に関係なく、資産から入ってくる収入のことを「ストック収入」といいます。

株式の配当金や不動産の家賃収入など、資産運用の結果として得られる収入です。

これらの**どちらか1つではなく、この2つを収入の柱にすることが理想**です。

①の「フロー収入」だけというのは、高い崖からロープ1本でぶら下がっているような危うい状況といえるでしょう。

仮に、事故や病気などで働けなくなったとします。すると、毎月必ずもらえていた給与収入が途絶えてしまいます。生活していくための収入源は会社からの給料しかないので、困った状況に陥ってしまうわけです。

これは言ってみれば、崖からぶら下がっていたロープがいきなり切れてしまった状態です。ロープが1本だったら、ここで墜落してしまいますが、もしロープが2本あったらどうでしょう？　1本が切れても、もう1本のロープで体を維持することができます。

つまり、崖から落ちそうになっても助かるには、ロープが最低2本必要なのです。

収入源を2つ持つということは、まさに命綱を2本持つことと同じ。病気で一時的に働けなくなったり、勤務先が倒産したり……、と長い人生のなかには、予期せぬピンチが生じることもあるでしょう。

そのためにも、①の「フロー収入」だけでなく、2本目の命綱として、資産運用による②の「ストック収入」をつくっておくことが大切なのです。

資産運用はリスクがあるから怖いという人も多いですが、実はその逆。**「収入源が1つしかない」という最大のリスクから、あなたの身を守ってくれる武器でもある**のです。

お金にも働いてもらおう

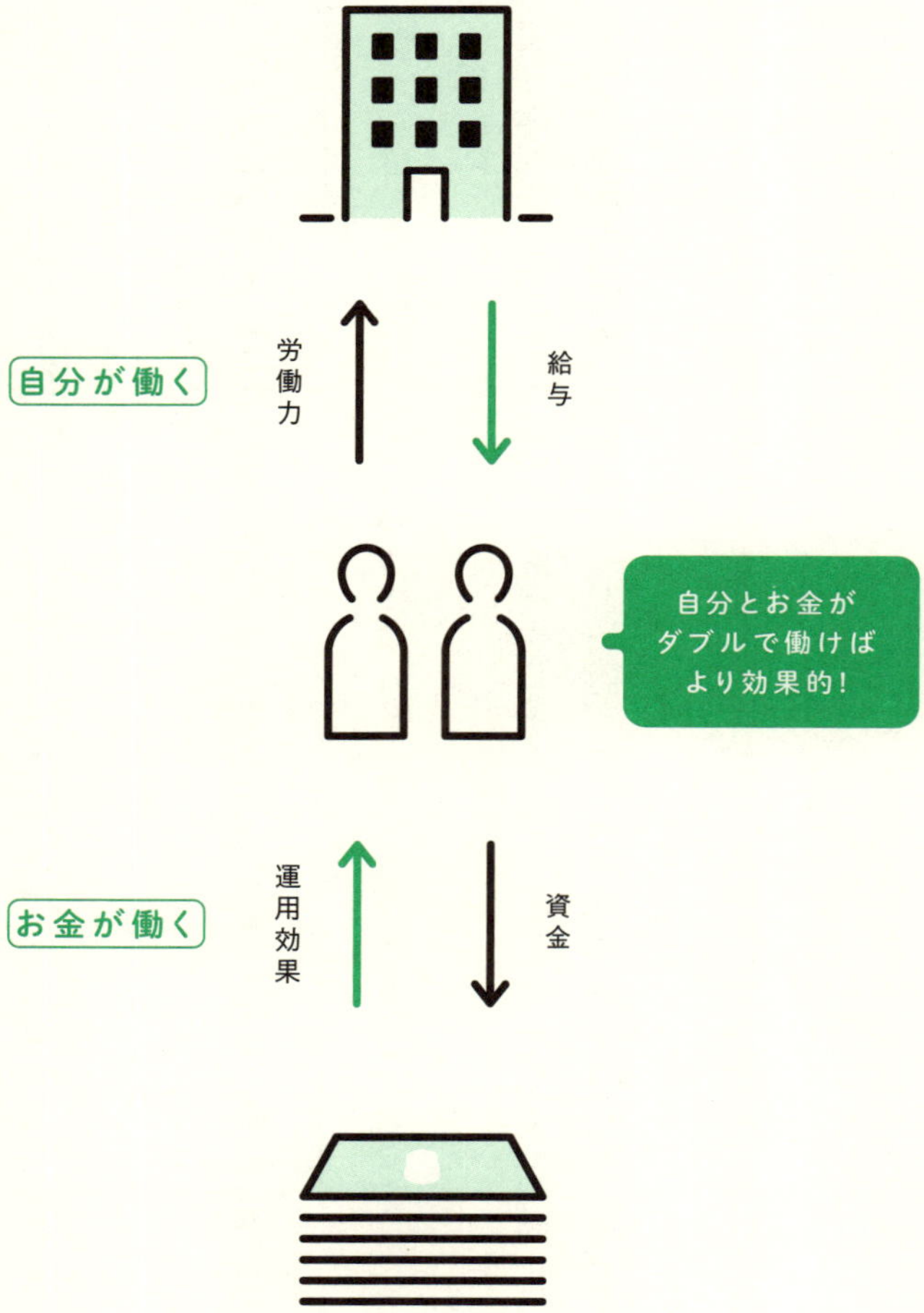

今は長引くデフレ、格差の増大、年金制度の破綻など、お金にまつわる不安がつのる時代ですが、「フロー収入」と「ストック収入」の両方から収入を得ていくことで、より安定した生活を送ることができ、お金に関する悩みや不安を解消することができるようになります。

もちろん、1本目のロープ、つまり「フロー収入」はきわめて重要です。安定的な「ストック収入」を手に入れるためには、まずは資産運用の元手となる財産をつくらなければいけないからです。

たとえば、年間400万円のストック収入を実現するには、年利5％で運用できたとしても、元手となる資産が8000万円も必要となります。ですが、フロー収入で年400万円稼ぐというのは、ある程度の仕事経験者なら実現できない数字ではありません。

理想としては、フロー収入を元手としてお金を生み出す運用を行い、運用によって生じたストック収入の範囲内で生活できるようになることです。

どういうことか説明しましょう。たとえば、1万円で以前から欲しかった靴を買うとします。

普通であれば、貯金してある1万円をそのまま靴の購入費にあてます。お金が靴に変わるわけです。

でも、もう1つ、靴もお金も手に入れる手段があります。まず、貯金してあるお金をPART2で紹介するような方法で資産運用します。そして、資産運用の収益で生まれた1万円を使って、その靴を購入するのです。

このように、**お金をその他の資産に迂《う》回させ、その資産からの収入で靴を買えば、収益も靴も両方手に入れられる**のです。

いきなり、すべての生活費をストック収入だけでまかなうことは難しいかもしれません。

まずは、フロー収入を着実に貯めて手元のお金を増やし、それを使ってストック収入をもたらす資産を増やしていく。

その結果として、ストック収入の範囲内で生活できる——という流れをつくれれば理想的です。

どんな人でもお金持ちになれるたった1つの方法とは？

どんな人でもお金持ちになれる方法があるとしたら、知りたいと思いませんか？　実は、それが資産運用なのです。

世の中のお金持ちは、次の2種類に分けることができます。

1　フローリッチ（労働所得の高いお金持ち）
2　ストックリッチ（たくさんの資産を持つお金持ち）

1の「フローリッチ（労働所得の高いお金持ち）」は、一言でいえば「収入が多い人」です。たとえば、ハリウッドスターや世界的に有名な歌手、有名なプロスポーツ選手が挙げられます。医者や弁護士などもここに入ります。

でも、どれほど才能あふれる芸能人でもスポーツ選手でも、その才能をフルに活用して働ける時間は限られています。睡眠や食事、移動の時間をゼロにして働くことはできません。

長期的なスパンで見れば、20代から30代まで第一線で活躍できたアスリートでも、50歳になったら同じ働き方は厳しいでしょう。同様に、ハリウッドスターもいつまでも全盛期の人気を保つのはなかなか難しいことかもしれません。

つまり、永続的に高収入というわけにはいかないのです。一般人にとっても、天才アスリートにとっても、それは同じです。

では、**2の「ストックリッチ（たくさんの資産を持つお金持ち）」**はどうでしょう？

このストックリッチは、収入が多いというより、「資産を活用してお金を増やしているお金持ち」です。資産、つまり株式や不動産、債券や投資信託など運用商品はさまざまですが、**その資産から生み出される運用益が多いのが特徴**です。

たとえば、世界有数の富豪として知られるウォーレン・バフェット氏。投資家である彼は、世界最大の投資持株会社であるバークシャー・ハサウェイの筆頭株主であり、経営者でもあります。生まれついてのお金持ちではなく、ごく普通の家に生まれた彼は、資産運用で驚異的な成果を出しつづけており、世界中の投資家に敬愛されている人物です。

バフェット氏は資産を効果的に運用することでお金を増やしつづけ、現在のような資産を持つに至ったのです。

参考までに、毎年発表される、経済誌「Forbes」の世界長者番付トップ10を見てみましょう。

驚くことに、先に挙げたようなハリウッドスターや有名なプロスポーツ選手のような「フローリッチ」はランクインしていません。

ランクインしているのは、いずれも「ストックリッチ」です。所有している資産がお金を生み出して、資産が増え続けている点が共通しています。

資産は人間のように睡眠も食事も移動時間も要りませんし、老化や病気もしませんから、**資産を運用する仕組みさえつくっておけば、何十年もずっと休まず働いて収益を上げつづけてくれる**のです。

たとえ、あなたが病気で1年間入院して収入がゼロになったとしても、その間もお金は

Forbes 世界長者番付2019

順位	氏名(国/事業)	資産
1位	ジェフ・ベゾス (米国/アマゾン・ドット・コム)	1,310億ドル
2位	ビル・ゲイツ (米国/マイクロソフト)	965億ドル
3位	ウォーレン・バフェット (米国/バークシャー・ハサウェイ)	825億ドル
4位	ベルナール・アルノー (フランス/LVMH)	760億ドル
5位	カルロス・スリム・ヘル (メキシコ/通信事業)	640億ドル
6位	アマンシオ・オルテガ (スペイン/ザラ)	627億ドル
7位	ラリー・エリソン (米国/ソフトウェア事業)	625億ドル
8位	マーク・ザッカーバーグ (米国/フェイスブック)	623億ドル
9位	マイケル・ブルームバーグ (米国/ブルームバーグ)	555億ドル
10位	ラリー・ペイジ (米国/グーグル)	508億ドル

出典:https://forbesjapan.com/articles/detail/25883/2/1/1/

仕組みどおりに働いて、自動的に増えてくれるのです。

2種類のお金持ちについてわかったところで、質問です。
私たちのような普通の人が目指せるのは、どちらのお金持ちでしょうか？

1の「フローリッチ」には人並みはずれた能力や天才的な技術などが必要なので、なかなか難しいでしょう。

ですが、2の**「ストックリッチ」になるのは、どんな人でも可能です。**資産運用によって、ゼロから資産を築くこともできるのです。

実際、この本の監修者であるファイナンシャルアカデミーの創業者も当初は資産ゼロでした。年収200万円台からスタートし、転職して給与収入が増えても、それに伴い支出が増加して生活は苦しいままでした。

一念発起して、お金の仕組みや資産運用について学び、今では資産が増えて、その資産運用のノウハウをスクールで教えています。

このように、**少ない資産でスタートしても、適切な資産運用方法を選択し、時間とお金をかけることで、大きな財産を築くことができる**のです。

あなたも、本書でおすすめする資産運用を実践して、「ストックリッチ」を目指してみませんか？

資産運用って、お金を増やすこと？お金を減らさないこと？

資産運用と聞いて、「お金が増える方法」というイメージを持つ人もいれば、「お金が減らないようにする方法」と考える人もいるかもしれません。

非常にまぎらわしいのですが、**「お金を増やすための資産運用」と「お金を減らさないための資産運用」は別物です。**

「はじめに」で述べたように、資産運用の目的は次の2種類に分かれています。

1　資産形成（お金を増やすこと）
2　資産保全（お金を減らさないこと）

つまり、お金を増やしたいのに資産保全を続けたり、逆にお金を減らしたくないのにお金を増やす方法を選んだりしては、望む結果に結びつきません。**自分の目的に合った方法を選ぶことが大切なのです。**

また、個人の置かれた状況によっても、とるべき選択は大きく異なります。たとえば、まだ28歳で、新居の頭金をつくりたいという人と、迫り来る老後に備えて急いで資金をつくらなければいけないという58歳の人が、同じ運用方法を選ぶということはないでしょう。

ほかにも、ローンのないマイホームを持っている人、住宅ローンが20年以上残っている人、賃貸暮らしを続けてきた人によっても方法は異なります。また、サラリーマンか、自営業か、あるいは家族構成などによっても、これから必要となるお金は違うし、さらに現在の資産の状況など、人によっても経済状況はさまざまです。

資産運用には多くの方法がありますが、絶対王道の、誰がやってもベストな選択というものは残念ながらありません。

そのかわりに、**自分の状況と目的に合った正しい運用方法はあるのです。**

「お金を増やすための資産運用」と「お金を減らさないための資産運用」については、PART3でくわしくお伝えします。

そもそも、資産運用の「資産」とは？

これから資産運用について学ぶ前に、「資産」と「運用」という言葉の正確な意味を理解しておきましょう。

まず**「資産」とは、（売ったら）お金に変わるもの**です。もう少し難しい言葉でいうと、個人や企業が所有する、経済的に金銭価値のあるもののことです。

たとえばどのようなものがあるかというと、現金や貯金のほかに株式、債券などの有価証券。所有する不動産や車なども資産にあたります。

あなたが銀行に10万円を預金していればそれも資産ですし、車を持っていればそれも資産となるわけです。洋服も、売れるものなら資産になります。

「運用」とは、そのものの持つ機能を活かして用いること。持っている資産の特徴を理解し、その価値を増やすことです。

たとえば、5万円で株式を購入して、その分配金や売却益を得ることが「運用」です。

安全な資産運用のための3つのポイントとは？

日本では、「投資」としての資産運用を行っている人はごく少数です。日本証券業協会によるアンケート調査（平成27年）によると、預貯金以外の金融資産を有している人は、わずか約20％。世界的に見てもとても少ない比率なので、みなさんの周りでも少ないのではないでしょうか？

ではなぜ、少ないのか――その理由の1つは、「投資は危ない」「ギャンブルのようにお金を失うかもしれない」という考え方が浸透しているからです。

なぜそう考えるのか。答えは明快です。投資で失敗した人は実体験から「投資は危険だ」と言う一方で、資産運用でうまくいっている人は妬まれるのを避けるため、うまくいっていることを他人に言わないからです。

このような状況では、「危険だ」という先入観だけが残り、貯金があってもそれを投資しようとは思わないのでしょう。

ですが、実際に試したわけでもないのに、**先入観や偏った意見だけを鵜呑みにして何もしないのは大きな機会損失**と言わざるを得ません。

資産運用だけに限りませんが、「何もしないでいる」「傍観者でいる」という選択肢は、人生の可能性をせばめてしまい、非常にもったいないことなのです。

もし、「危険だ、不安だ」と思うなら、なぜ危険だと思うのか、どうすれば不安やリスクを減らせるのか、どうすればうまくいくのか。それをこの本では、一緒に考えていきたいと思います。

実は、この「考える」という作業がポイントです。自分の頭で考えることで、ベストなものを探すことはもちろん、考えた結果の成功も失敗も、自分自身の糧となるからです。

幸い、資産運用には株式、債券、投資信託、不動産、金、為替取引……など数多くの種類があります。そのなかから、**いろいろな方法を小さく試してみて、その特性を理解すると、自分の経済状況や年齢、性格に合ったものを選べるようになります。**

もちろん、**小さく試してみて合わなければ、その時点でやめてもいい**のです。小さい子どもの習い事と似ています。何が得意かわからないときは、野球やサッカー、水泳、ピアノ、ゴルフなど、いろいろ試したうえで得意分野を見つけます。資産運用もそれと同じです。

何よりも、**いろいろ試して得意分野が見つかると、結果が出るようになります。**つまり、運用によって実際にお金が増えていくため、自信を持って前向きに投資にのぞめるようになるのです。

できるかぎり安全で着実な資産運用をしたいという人にとって、重要なポイントは次の3つです。

1　一攫千金を狙わないこと
2「資産形成」と「資産保全」を混同しないこと
3　得意な分野で資産運用を行うこと

ふだんは慎重なのに、お金を増やすとなると、急に大儲けしたいと考える人がいますが、**まずは少しずつ増やしていくことが肝心**です。

たとえば、「100万円を投資すれば、すぐに500万円に増やせます」というような投資話があったとしても、決して乗らないこと。一攫千金の投資話は怪しい、と心得てください。

それよりも、PART2で紹介するように、それぞれの運用商品の利回りを知ったうえで、自分の許容範囲のなかではじめることです。

また、先にも伝えましたが、「資産を増やすために行う手法」なのか、「資産を守るために行う手法」なのかを混同しないことも大切です。ここはとても大切なので、「得意な分野での資産運用」と合わせてPART3でくわしく説明していきます。

資産運用は専門家（プロ）に任せればいい？

日本で「投資」を行う人が少ない理由は、「投資は危険だという先入観が多い」こと以外にもあります。それが、「たくさんある金融商品（銀行、証券会社、保険会社など金融機関が提供・仲介する、投資信託、株式、債権、保険など）から何を選べばいいかわからない」というもの。

たしかに、国内・海外の経済情勢を考慮してどんな運用をするのかを考え、決断するのはなかなか難しいでしょう。

その解決策として、資産運用のプロに任せればいいという意見もあります。
資産運用のプロである人、つまり証券会社や運用会社に勤めるファンドマネージャー（投資信託の運用を行う専門家）に、資金を預けて運用してもらうということです。プロが運用するのだから、うまくいくはずだと考えるのも当然かもしれません。

メリット1　知識・経験豊富なプロに運用してもらえる
メリット2　個人ではできないような分野への投資ができる

ですが、もちろん、メリットがあればデメリットもあります。

デメリット1　プロに依頼するための手数料が発生する
デメリット2　プロに任せきりで自分の資産運用について考えなくなってしまう
デメリット3　プロといっても、損することがある特に**見過ごせないのは、プロでも損することがあるということ**です。ファンドマネージャーという仕事は、投資信託に組み込む株式の銘柄などを選択することを仕事にし、それによって収入（給与）を得ています。もちろん、投資未経験者よりははるかに高い知識と多くの経験を持っていますが、**投資によって自分の資産を増やしているわけではない**と知ることが大切です。

プロに任せる運用を否定するわけではありませんが、何も理解しないまま任せきりにするのではなく、プロに依頼する場合でもきちんと理解したうえで依頼するようにしましょう。

資産運用で得られる3つのメリットとは？

資産運用をはじめることで、お金だけではなく、さまざまなメリットを受け取ることができます。

特に重要なものが次の3つです。

メリット1　資産を増やして安定した生活を送ることができる
メリット2　自己成長できる
メリット3　社会貢献できる

1つずつ、解説していきましょう。

・メリット1　資産を増やして安定した生活を送ることができる

銀行に預けっぱなしではほとんど増えない超低金利時代の昨今ですが、**資産運用を行うと「お金を増やす」ことができます。**その結果、**安定した生活が手に入ります。**

さらに、お金があることで選択肢を増やすことができ、夢や目標へのチャレンジもできるようになります。これが資産運用における、最も重要なメリットとなります。

毎月5万円ずつ積立しながら複利運用した場合の資産金額

	銀行預金（0.001%）	資産運用（5%）
1年後	60万3円	61万3,943円
5年後	300万74円	340万304円
10年後	600万298円	776万4,114円
15年後	900万671円	1,336万4,447円
20年後	1,200万1,195円	2,055万1,683円
25年後	1,500万1,869円	2,977万5,485円
30年後	1,800万2,693円	4,161万2,932円
元本（1,800万円）を除いて増えた金額	2,693円	2,361万2,932円

・メリット2　自己成長できる

自分自身がさらに成長できることも大きなメリットの1つです。

株式にせよ、投資信託にせよ、不動産にせよ、運用によってさまざまな知識が身につきます。資産運用を行うことで、自然に自分の知識が増えていきます。

たとえば、世界的な政治・経済の動向を把握したうえで、**この先どうなっていくのかを自分の頭で考え、判断し、決断することができるようになってきます。**

実際のところ、経済や国際情勢を学びましょう、毎日ニュースを見て円やドルの為替状況を確認しましょうと言われても、必要性を感じなければ面倒でなかなかできないものです。

ところが、自分のお金が減ったり増えたりするとなると、人は俄然やる気になります。**日々のニュースが他人ごとでなく、自分ごとになる**からです。

したがって、経済や投資の勉強をしてから満を持してはじめるよりも、**資産運用を実践しながら日々学習していくというスタイルがおすすめ**です。

お金に関する幅広い知識やスキルが身につくことで、結果的に、正しい判断力や高い知性に結実し、自分自身を大きくレベルアップさせることができるでしょう。

・メリット3　社会貢献できる

「資産運用することが、なぜ社会貢献に？」と不思議に思われる人もいるかもしれません。前述のとおり、資産運用は自分のお金を資産に変えることによって、収入を生み出すというものです。株式投資であれば、自分のお金を企業に投資することで、その対価として配当金や売却益を得られます。

集めたお金をもとに、企業がめざましい成長を遂げれば、社会にその結果が還元されます。

たとえば、ディズニーランドを運営するオリエンタルランドという会社の株式を購入したとしましょう。株式購入を通じて、あなたはその企業にお金を投資することになります。企業はそれを元手として、新しいアトラクションの開発や、より優秀な人材の育成に注力できるので、あなたを含めたさらに多くのユーザーがディズニーランドに行きたくなるでしょう。

その結果、企業の経営がうまくいき、より高い利益を上げることができれば、その企業が納める税金も増えます。そしてその税金は、いずれ私たちの生活にさまざまな形で還元されることになります。

また、投資した私たちも配当金や売却益で利益を得ることができ、より多くの税金を納めることができます。つまり、**運用の規模が大きくなるほど、自分自身の利益だけでなく社会還元も大きくなっていく**のです。

投資した企業が成長し、社会全体にもよい効果が生じる――それが、資産運用で実現できるメリットです。この社会貢献という観点は、具体的な投資先の選び方にもかかわってくるといえるでしょう。

資産運用にかかるコストはどれぐらい？

資産運用は「お金を増やす」ことが目的なので、付随するコスト（費用）もできるだけ抑えたいところです。十分に検討して、できるかぎり減らしましょう。

43ページで触れた「資産運用のプロ」に頼んだ場合、当然ながら手数料がかかります。たとえば、投資信託で資産運用する場合、年間数％程度の手数料が毎年かかります。しかも、運用が失敗しても、手数料を払わなければならないのです。

これを必要経費として考えるか、自分でやることでそのコストを減らすかは、もちろん人それぞれの判断です。

ただし、たとえプロに頼まなくても、金融商品の売買や保有にはさまざまな業者が携わるため、コストが発生します。

たとえば、次のようなコストです。

- 株式：証券会社→売買委託手数料
- 投資信託：証券会社→販売手数料・信託報酬・信託財産留保額
- 不動産：不動産仲介業者→仲介手数料
- ＦＸ：証券会社→スプレッド（ＦＸ業者ごとに決めた売値と買値の差額）

ほかにも、業者や運用商品によってさまざまな手数料や維持費が発生するため、そのコストをまずは把握し、より安い会社を選ぶこともコスト削減の一手でしょう。

仮に、100万円の資産を運用するとしましょう。その100万円を購入するために3％の販売手数料がかかるとしたら、実際の運用元金は97万円からのスタートとなります（実際には若干のズレはあります）。1年で3％増えたとしても、1年後のあなたの資産は100万円のまま変わりません。

このように、コストが発生するので、その**コストを理解したうえで、業者を比較したり、実際の利益を計算する必要があります。**たとえば株の場合だと、一般的に、店舗を構えている証券会社よりも、**「ネット証券」のほうが圧倒的にコストが低いので、おすすめ**です（くわしくは、126ページ）。

お金の機能をフル活用しよう

お金には3つの機能がある

私たちは毎日、当たり前のことのように「お金」を使っていますが、そもそもお金とは何なのか、お金にはどのような機能があるのか、じっくり考えたことはありますか？

資産運用でお金を増やしたいと思うなら、まずお金の役割を知っておきましょう。そうすると、もっと上手な使い方ができるようになります。

お金には大きく分けて次の3つの機能があります。

1 交換
2 尺度
3 貯蔵

どういうことか、1つずつ解説していきましょう。

・機能1　交換

太古の時代、人間は魚と木の実を交換するといった物々交換で欲しいものを手に入れてきました。ですが、お互いに欲しいものが一致しない場合や価値が釣り合わない場合など、時代が進むにつれて、すべてを物々交換で解決するのは難しくなりました。

そこで、「お金（貨幣）」が誕生したのです。今では、世界中のどこのお店でもお金を出せば、欲しいものを手に入れることができます。

・機能2　尺度

100円で売られているものと、1万円で売られているものがあった場合、どちらのほうが価値が高いか、すぐにわかりますね。

このような尺度も、貨幣の持つ機能です。これにより、物の価値を「お金」という公平な基準で測ることができるようになったわけです。

・機能3　貯蔵

今すぐ使う必要がなければ、お金を貯めておくことができるのも貨幣の機能の1つです。貯金しておいて必要なときに物やサービスと換えられることは、便利なだけでなく安心感をもたらしてくれます。

逆に、お金をたくさん持っていれば不安感から解放されるともいえるでしょう。

通常、私たちが生活のなかでお金を使うとき、多くの場合では、これらの機能のうち1つ、もしくは2つしか使っていません。

一方、**資産運用でうまくいくには、お金の機能である3つすべてを使って行うことが大事**です。

たとえば、私たちがふだんの生活のなかで買い物をするときは、次のような思考回路になります。

まず、「〇〇を買いたい」と思ったとき、機能2の尺度を使い、「その〇〇が高いか？安いか？」「その〇〇が、その値段以上の価値があるか？　ないか？」を判断します。

そして、機能2の尺度でメリットのほうが大きいと感じたとき、機能1の交換で「支払い」を行い、お金とその〇〇を交換するのです。

もしくは、今すぐ使わないお金があった場合に、定期預金をするとします。その場合には、機能1や機能2はほぼ関係なく、貯めるという機能3（貯蔵）だけを使うのです。

通常の生活のなかでは、これで終わりです。

では「資産運用で、3つの機能すべてを使う」とは、どのようなことでしょうか？　具体的に見てみましょう。

たとえば、△△という好きな会社（やお店）があったとします。その会社は上場企業なので、株を買うことができます。

そのときにまず行うのは、機能2の価値を測るということです。つまり、買い物と同じように、「その△△の株価が高いか？　安いか？」「その△△が、その株価以上の価値があるか？　ないか？」を判断します。

そして、メリットのほうが大きいと感じたとき、買い物と同じように、機能1の交換で「支払い」を行い、お金とその△△の株を交換するのです。

買い物では通常、これで終わりですが、資産運用はここからが違います。

株を持つということは、それが消費されるわけではありません。なくなることも、（会社が倒産しない限り）ありません。

つまり、その株は、機能3の貯蔵という機能を使って貯められ、保管されるのです。**その結果、長期的に資産が増えていく**のです。

一方で、資産運用で失敗した事例を一緒に考えてみましょう。

たとえば、××という好きな会社があったとします。その会社は上場企業なので、株を買うことができます。

先ほどの事例と同様、まず行うのは、機能2の価値を測ることです。「その××の株価が高いか？　安いか？」「その××が、その値段以上の価値があるか？　ないか？」を判断します。

そして、メリットのほうが大きいと感じたとき、買い物と同じように、機能1の交換で「支払い」を行い、お金とその××の株を交換するのです。

でもそこで、その××社の価値の見極め方がわからなかったり、その目利きが甘かったりした場合、どうなるでしょうか？　機能3の貯蔵をしていたとしても、日に日に価値が減っていき、つまり株価が下落していき、資産が減っていくことになります。

この事例から、お金の3つの機能を使えば何でもよい、というわけではないことがわかります。

買い物でも同様です。機能2のところで、価値を見誤ってしまうと、無駄に高いお金を払って、価値のないものを手にすることがあるわけです。

もしくは、交換する手段（支払いする手段）として、身の丈以上の借金をして交換（支払い）した場合にも、その負担が後々、大変なことになってくる場合もあります。

つまり、お金の機能が3つあるという知識も必要ですが、実は、**その3つの機能の正しい使い方まで知っておくことが、本当は大切**なのです。

そして、資産運用の特徴である**「時間が経つと資産が増える」**というのは、**「3つの機能すべてを正しく使っている」場合、つまりフル活用している場合に、その特徴を享受することができる**ということなのです。

現金だけが通貨ではない——クレジットカード、電子マネー

物々交換の時代から進化して、紙幣や硬貨の形で「お金（現金）」が誕生したわけですが、時代が進むにつれて、実体のない概念としての「お金」が利用されるようになりました。

代表的なものが、**クレジットカード**や**電子マネー**、**スマホ型決済**といったものです。これらは、紙幣や硬貨のような実体はありませんが、「お金」と同じ機能を持っています。

○クレジットカード

「クレジット」とは、「信用」という意味です。クレジットカード会社が購入代金を立て替える後払い方式なので、支払い能力が本当にあるかどうかなど、入会審査で一定の基準を満たす必要があります。

一般的には、次のような特徴を持ちます。

- 入会審査で一定の基準を満たす必要がある。
- カードを使えば手元に現金がなくても購入可能。
- 購入金額に応じてポイントが貯まる（会社によって付与率が異なります）。

○電子マネー

「電子マネー」は、お金をデータに換えることで、データ通信で決済を行うものです。

クレジットカードと同じように、使った金額を後払いする**「ポストペイ方式」**と、現金を先にチャージしておき、使うたびに残額が減っていく**「プリペイド方式」**があります。

＊ポストペイ方式
例：　**QUICPay、iDなど**
・審査が必要だが、チャージが不要で高額商品も購入可能。

＊プリペイド方式
例：　**Suica、WAON、nanaco、楽天Edyなど**
・審査が不要だが、残高が不足するたびにチャージが必要。

○スマホ型（モバイル）決済
例：　**LINE Pay、PayPayなど**
「スマホ型（モバイル）決済」とは、スマートフォンに登録したアプリによる決済です。支払いの際に、現金は不要で、スマホ1つあれば完結するという手軽さによって、利用者が急速に増えています。

QRコードやバーコードを表示させたスマホを店側に読み取ってもらうか、店側のQRコードやバーコードをスマホで読み取って決済するQRコード決済が一般的です。

これらが現金と大きく異なるのは、**本来即時である支払いタイミングをずらせる**ということです。

現金ならば購入する際に必要ですが、クレジットカードやポストペイ方式の電子マネーなら支払いは約1か月後ですし、プリペイド方式の電子マネーなら支払う前にチャージしておけばお金を持っている必要はありません。

新しいお金の形――仮想通貨（暗号資産）

お金の概念化はさらに進んでいます。最近、**「仮想通貨（暗号資産）」**という言葉をよく耳にするという方も多いのではないでしょうか。

「仮想通貨（暗号資産）」とは、デジタルデータとして存在していて、紙幣や硬貨といった実体を持たない「新しいお金」です。

また、通常、通貨（例：日本なら「日本円」、アメリカなら「米ドル」など）は国（の中央銀行）が発行し、価値を保証するものですが、この**仮想通貨は特定の国が発行していない**という点が大きな特徴です。

国による保証がないかわりに、その仕組みを支えているのが**「ブロックチェーン」**という技術です。取引する当事者全員が取引履歴を含めた全データを管理して、取引の正当性を担保することで成り立っています。

仮想通貨自体は2019年現在、約1500種以上も存在していますが、最も有名なのが**「ビットコイン」**でしょう。そしてこのビットコインが誕生したときに、ブロックチェーンという技術も同時に誕生しました。

国による保証がないネット上のデジタルデータと聞くと、データのコピーや改ざんなどが怖いと敬遠されがちですが、そのような悪用を防ぐ仕組みがブロックチェーンなのです。

ビットコインに代表される仮想通貨は、かなり一般的になってきました。ほかのお金と同じように買い物をしたり、ドルや円との交換もできます。

2019年現在は、買い物への利用というより、**投資としての利用がメイン**となっていますが、将来的には投資としての利用だけでなく、日常的な決済での利用が多くなっていくことでしょう。

それがビットコインなのか、あるいはほかの仮想通貨なのかは現時点ではわかりませんが、ブロックチェーンの仕組みが日常に直結する未来はすぐそこまで来ています。


仮想通貨だけでなく、「概念としてのお金」は日々進化しています。

数年前から、ニュースや新聞などで**「フィンテック(fintech)」**という言葉を目にすることが多くなりました。これは金融(finance)と技術(technology)を合わせた造語で、金融サービスと情報技術を結びつけた最先端のサービス全般を表しています。


仮想通貨はもちろんのこと、スマートフォンのアプリによるモバイル決済や、同じくアプリによる自動家計簿などもフィンテックの一種といえるでしょう。

身近なところでは、「LINE Pay」による送金サービスや、「Wealth Navi」のようなロボットアドバイザーによる資産運用サービスなども挙げられます。

これからも技術の進化により、革新的な金融サービスが次々と誕生するでしょう。私たちの生活を劇的に便利にしてくれるのがフィンテックなのです。


思い起こしてみれば、「Suica」のような電子マネーも、登場当時は利用者が少なかったものです。ところが、その便利さから急速に普及し、今では使っていない人のほうが少ないくらいで、キャッシュレス化がますます進んでいます。

キャッシュレス決済などの、それまでの常識を覆すような新しい技術やサービスは、最初は難しく感じるかもしれません。大事な資産に新しい技術を使うのは怖いと感じる人もいるでしょう。

しかし、生活を便利にしてくれる技術であることは確かです。


難しいから、怖いから、と敬遠するのではなく、そのサービスの何が便利なのかを知り、その便利さを活用できるようになりましょう。

このことは、資産運用においても同様です。自分が知らないもの、よくわからないものをむやみに遠ざけるのではなく、よいチャンスと前向きに受け止め、理解することが大切です。

そして今後、自分の資産を現金だけでなく、別の金融資産でも所有することを考えると、**仮想通貨やブロックチェーンの仕組み、新しい金融技術について知っておくことはとても重要なこと**なのです。

最低限、知っておきたい経済の仕組み

経済の原理原則を知っておけば、資産運用に有利にはたらく

お金を増やしたいと思うなら、「経済の仕組み」もおさえておいたほうがいいでしょう。

「経済」というと、「難しそう」「とっつきにくい」というイメージを持つ人も多いかもしれません。たしかに、専門的な学問として学ぼうとすると、難解な用語や数式が出てきますが、私たちが日々暮らしていくうえで「経済」は不可欠の情報であり、決して難しいものではないのです。

たとえば、住宅ローンの金利が高いときよりは低いときにローンを組みたいと思いますし、ブランド好きな人なら円高でバッグが安くなったときに購入したいと考えるでしょう。

ほかにも、勤めている会社の業績、物価の変動、輸入品にかかる関税の税率、消費税増税の背景など、**1つの経済の出来事がめぐりめぐって、個人の収入や家計に大きな影響を及ぼします。**

好景気になると消費が増え、企業の設備投資も増え、資金の需要が高まり、金利が上昇します。

金利が上がると、流通するお金が減るため、消費が徐々に減っていきます。

逆に、不景気になると、消費が減り、企業の設備投資が減り、資金の需要が減り、結果として金利が下がります。

金利が下がると、流通するお金の量が増え、消費が増えていきます。

――このように、大きな流れが繰り返されていくのが経済の仕組みなのです。

専門用語を覚える必要まではないのですが、**この大きな流れを知っておくと、資産運用**

景気と金利のメカニズム

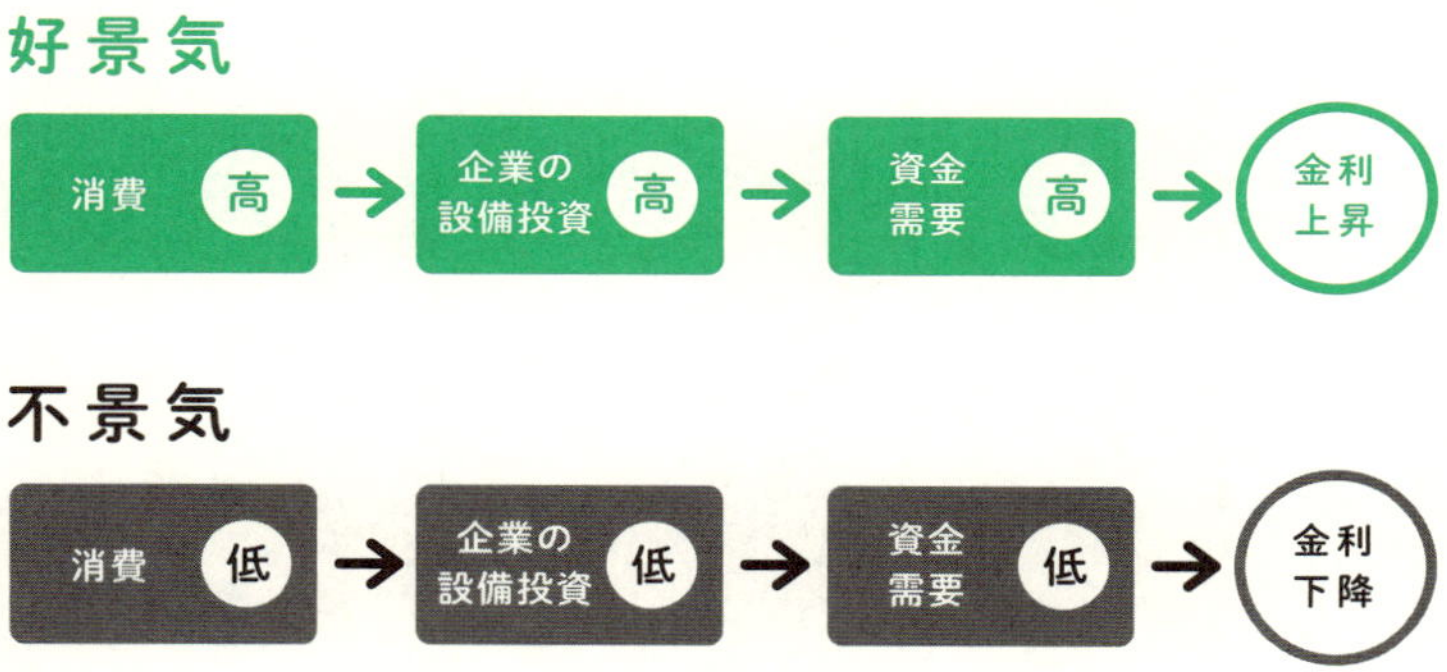

を行ううえでとても有利になります。

新聞やテレビで見るニュースや指標が、自分や家族の給料や家計と結びついているとわかると、とたんに興味深く思えるようになってくるものです。

たとえば、関税について身近な事例を見てみましょう。

日本は、外国から輸入される牛肉などに一定の関税をかけています。２０１９年9月、日米貿易交渉において、それまでの牛肉の関税38・5%から、２０３３年度には9%まで引き下げることで合意されたというニュースが流れました。

このニュースには、どんなインパクトが

あったのでしょうか？

まず大きな反応としては、輸入牛肉を提供している牛丼チェーン店の株価が大きく上昇したことです。今後、原料である牛肉の仕入れ価格が大幅に値下がりするので、企業収益が改善されると予想されたためです。

そして、企業収益が大幅改善されれば、将来的にはさらに商品価格への転嫁が起こるかもしれません。つまり、牛丼の値下げです。そうすると、さらに客数が増加するかもしれません。


このように、「関税」という一見縁遠い言葉でも、牛丼チェーンで外食する人にとっては大きなメリットとなり、さらにその会社の株を資産形成に役立てることもできるのです。


資産運用をしている人は、こういったニュースからヒントをもらい、自分にとってベストな投資先や投資時期を見極めています。

何も難しいことはありません。自分が興味を持てるような、日常生活に絡んだニュースからでいいのです。

経済の動きをつくる主要な要素とその関係

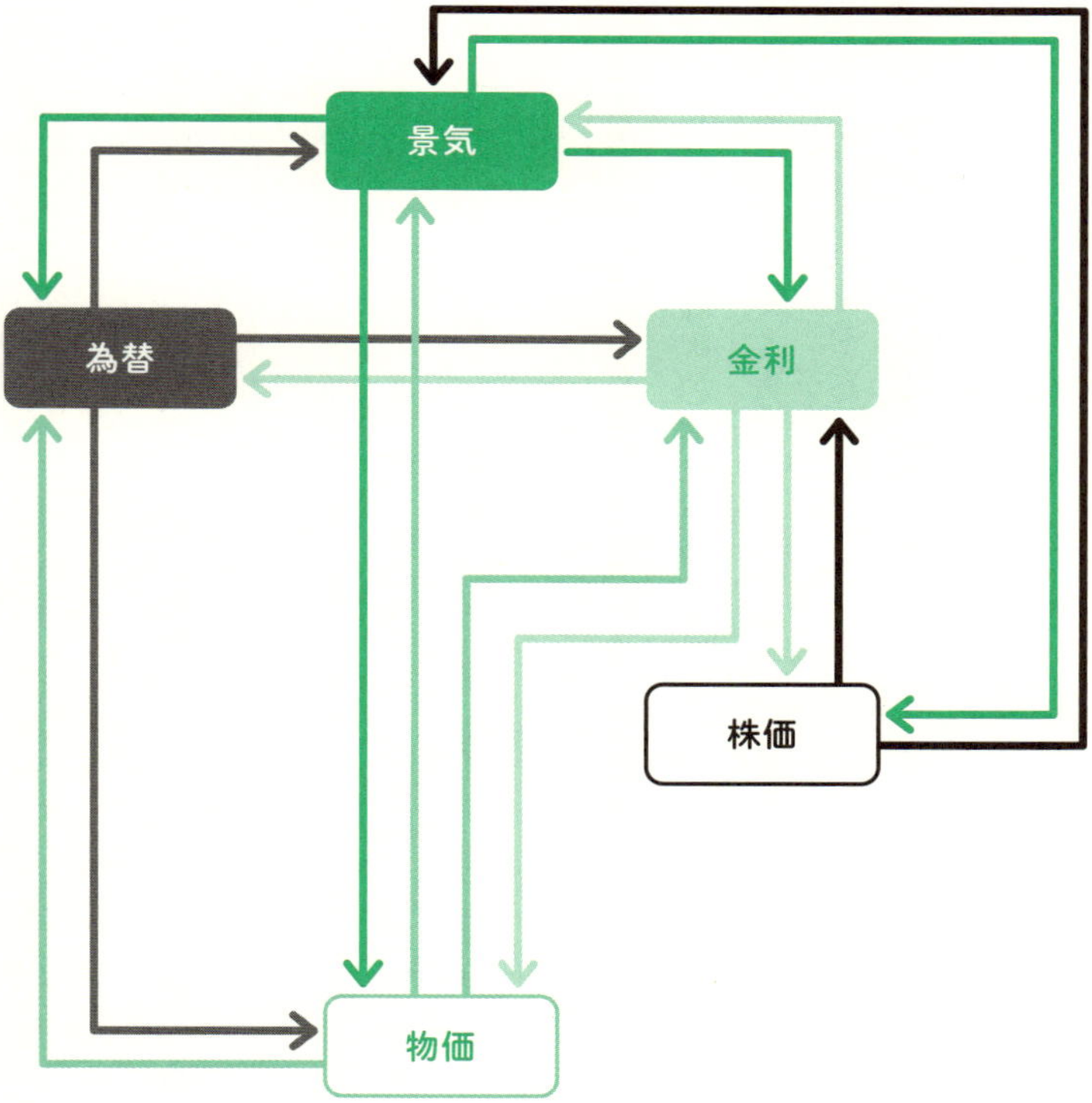

経済の仕組みと紐づけて理解すると、日々のニュースの見方が変わってくるかもしれません。

それを資産運用に応用することができれば、あなたの今後の人生は実り多くワクワクするものになってくるでしょう。

経済のからくりがわかれば、お金が増やせる

経済とは、私たちの生活で行われているお金のやり取りの集計です。

たとえば、コンビニで100円のおにぎりを買ったとします。これも経済の一部分となっています。そうはいっても、単に、おにぎりを買った100円が、数字として経済のなかに入っているのではありません。

100円のおにぎりが、どのようにでき上がっていくのかを理解すると、経済も理解できるようになります。

まず、100円のおにぎりができるまでを見てみましょう。

お米をつくる農家は、（100円のおにぎりの材料分だと、たとえば1円で）稲の苗を買い、水をやり、台風や虫から苗を守り、そして米として（たとえば10円で）出荷します。

出荷されたお米は、問屋さんを通り、おにぎりをつくる人や会社に（たとえば20円で）納品されます。

おにぎりをつくる人や会社は、炊飯器などのおにぎりをつくるために必要な機械を購入し、そして従業員を雇って、おにぎりを製造し、（たとえば70円で）コンビニに出荷します。

そのおにぎりを、コンビニでは、アルバイトの方が棚に陳列し、レジを通して100円で売ることで、私たちはおにぎりを100円で手にすることができるのです。

このようにしてみると、**それぞれの過程で経済が発生している**のがわかります。

農家が苗を買うところから、お金が発生し、経済が発生しています。そして、苗を米として出荷すると、それは農家が9円の価値をつくり上げたことになります。これも経済の一部分です。

そして、農家から大量にお米を仕入れている問屋は、小分けをして売ることで、また10

円の価値をつくり上げて、経済が発生しています。

おにぎりをつくる人も、50円の価値をつくり上げ、コンビニも30円の価値をつくり上げています。


実は、この見えている部分だけではなく、農家が苗を植えるために購入した田植え機や、おにぎりをつくる機械を購入する何千万円という機械の代金も、経済の一部分です。お米を運ぶ運搬費も経済の一部ですし、コンビニのアルバイトを募集する広告費も経済の一部です。


もう少し視点を広げてみると、私たちがコンビニにおにぎりを買いにいくための自転車も、おにぎりと同じような世の中の経済活動があることで手に入っています。お金を入れている財布も、ふだん着ている洋服も、すべて経済がかかわり、価値をつくっています。

こういう活動のすべてを、「経済」と呼ぶのです。

そして、これらの経済の合計値は、「国内総生産(GDP)」という形で、数字で表されます。**経済というと、自分からは遠い存在に感じてしまいますが、実は、私たちの生活そのもの**なのです。

いかがでしょうか。

「経済」「GDP」――少し遠いような印象の言葉だとしても、おにぎりにたとえると、身近な言葉のように感じませんか？

まずは、理解しやすい言葉に置き換えてみること。これは、難しい概念を克服し、より深く理解するための第一歩です。

金利の原理・原則を知っておこう

金利が生まれる仕組みとは？

私たちが銀行に預けてもらえるものが**「金利（利息ともいう）」**。そして、住宅ローンや車のローンのように、お金を借りる際に必ずかかるのも**「金利」**。

金利が高いと、たくさん預金がある人はたくさんの利息がもらえますが、たくさんの借金がある場合には返済が大変になります。

この**「金利」は、資産運用においても重要なポイント**です。では、「金利」はどのように決まるのでしょうか？　金利と密接な関係にある「信用」とともにお話しします。

まず、お金の世界においては、**「信用＝お金を返す力」**です。

たとえば、見知らぬ人にいきなり「10万円貸して」と言われたら、貸すでしょうか？おそらく、貸さないでしょう。返してくれるかどうかわからないから、つまり「信用」がないからです。

では、たまに会う程度の知人に頼まれたらどうでしょう？　見知らぬ人よりは信用できるけれど、踏み倒される可能性もないとは言えない……。そこで万一に備えて、返済時には1万円を加えて返してもらうことにしました。つまり、このときの金利は10％です。

親友であれば、「今度、ランチごちそうしてくれればいいよ……」と言う程度かもしれません。このときの金利は、（ランチ1000円と仮定すれば）金利1％です。

最後に、大切な家族から頼まれた場合です。このときは、利子など考えず、10万円を貸して、10万円を返してもらうでしょう。この場合、利子は0％です。

このように、**金利は「相手をどれくらい信用できるか」によって変わります。**

つまり、**信用度が高い人ほど、低い金利でお金を借りることができるのです。**

金利とは、**「お金のレンタル料」**のようなものともいえます。

信用度の高さで金利の高低が決まる

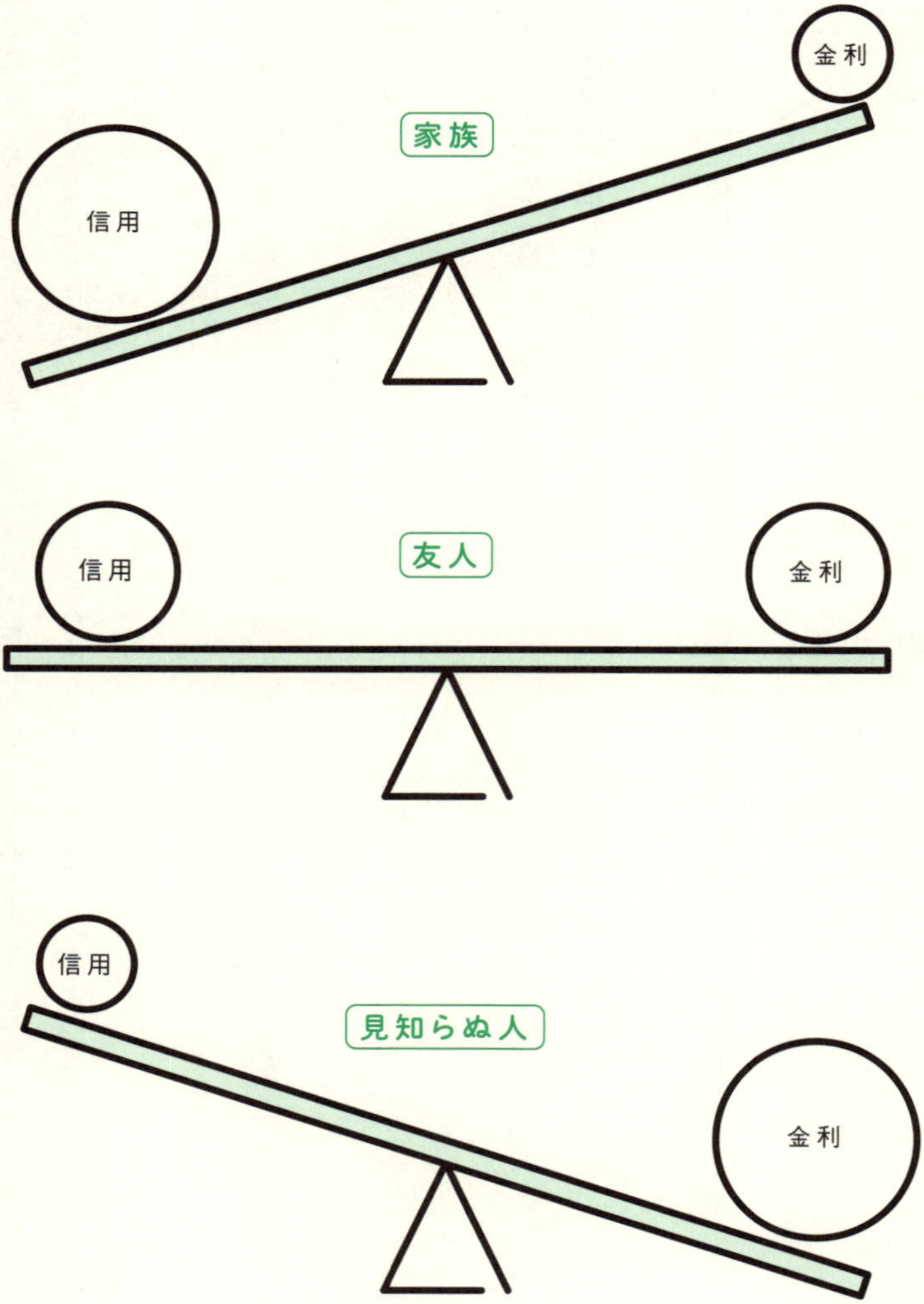

たとえば、あなたが知人に1万円を貸して、1か月後に返してもらうとしましょう。その1か月間、あなたはその1万円を使うことができず、また本当に返してもらえるかどうかもわかりません。

このような不利益やリスクに見合った「レンタル料」として金利が存在するのです。

「信用経済の社会」で大切なこととは？

「信用」を経済に活用しているのが、お隣の中国です。**「信用スコア」**といって、その人がどれくらい信頼できる人物であるかを、ありとあらゆる観点から数値化しています。

たとえば、交通違反をしたり、借金を期日までに返せなかったりした過去があればスコアが減点されますし、逆に公共ルールを守り、借金や家賃を滞りなく支払っていればスコアはアップします。

このような**「信用」を尺度にした経済は、すべての行いがデータとして記録・可視化される現代において、ますます発展しつづけています。**

中国では、この信用スコアが高ければ信用できる人と認定されて、不動産の購入時のローンが組みやすくなったり、就職や結婚までしやすくなるそうです。

一方で、信用スコアが低ければ信用されないので、不動産や車の購入も厳しくなります。

今までは、「学歴」や「勤務先の知名度」などが尺度となっていた日本でも、この信用スコアによる信用経済が広まりつつあります。

多くの企業が参入しはじめましたが、とりわけ有名なのが、2019年6月に話題となった大手ポータルサイトYahoo!による「Yahoo!スコア」でしょう。

「Yahoo!スコア」とは、ヤフーIDを持っている人の本人確認や信用行動、サービスの利用状況によって点数づけ（スコアリング）が行われ、そのスコアに応じて特典がもらえるというサービスです。

このYahoo!スコアは、ユーザーに対する詳細な説明や同意なしに一方的に導入されたため、ユーザーからの批判が殺到してしまいました。

しかし実際には、「信用経済」のもとでは、「信用スコア」は提供者のみならず利用者にもメリットがあるのです。

たとえば、信用スコアに問題がなければ、自宅を借りるための敷金が免除されたり、クレジットカードの限度額が上がったり、渡航の際のビザを申請・取得しやすくなったりします。就職にも有利になりますし、起業する際にもメリットが多いでしょう。

クレジットには、貸し手と借り手がいる

取引とは、その期間が短くても長くても、「信用に基づいた貸し借り→精算」を繰り返すことです。

ここでは、長期間貸し借りの関係が発生する際に必要となる金利と信用の関係を具体的にお伝えします。

77ページで、「金利は信用度によって決まる」という話をしましたが、次のようなケースを考えてみましょう。

Aさん（31歳・男性・有名企業勤務・年収450万円）と、Bさん（31歳・男性・コンビニでアルバイト・年収250万円）。2人とも31歳・独身・男性です。

2人とも、新築マンションの物件（3500万円）の購入を希望しており、住宅ローンの審査のため大手都市銀行を訪れました。

ローンの借入審査では、購入予定の物件、契約者の年収や職業、返済完了時の年齢、勤務先の事業内容や勤務形態、勤続年数、健康状態などが審査対象となります。

これはつまり、高額で長期間となる借入金の返済可能性を、「信用」という尺度で審査しているわけです。

「31歳・独身・男性」という点は共通の2人でしたが、結果として、Aさんはこの銀行の低金利住宅ローンを満額で組めたものの、Bさんは同じ銀行であるにもかかわらず、頭金として3割を負担し、金利もAさんより悪い条件でしか組むことはできませんでした。

つまり、Aさんの信用度が高く、Bさんの信用度は低いということが、貸してもらう金額や金利の差をつけてしまったということです。

金利のイメージ

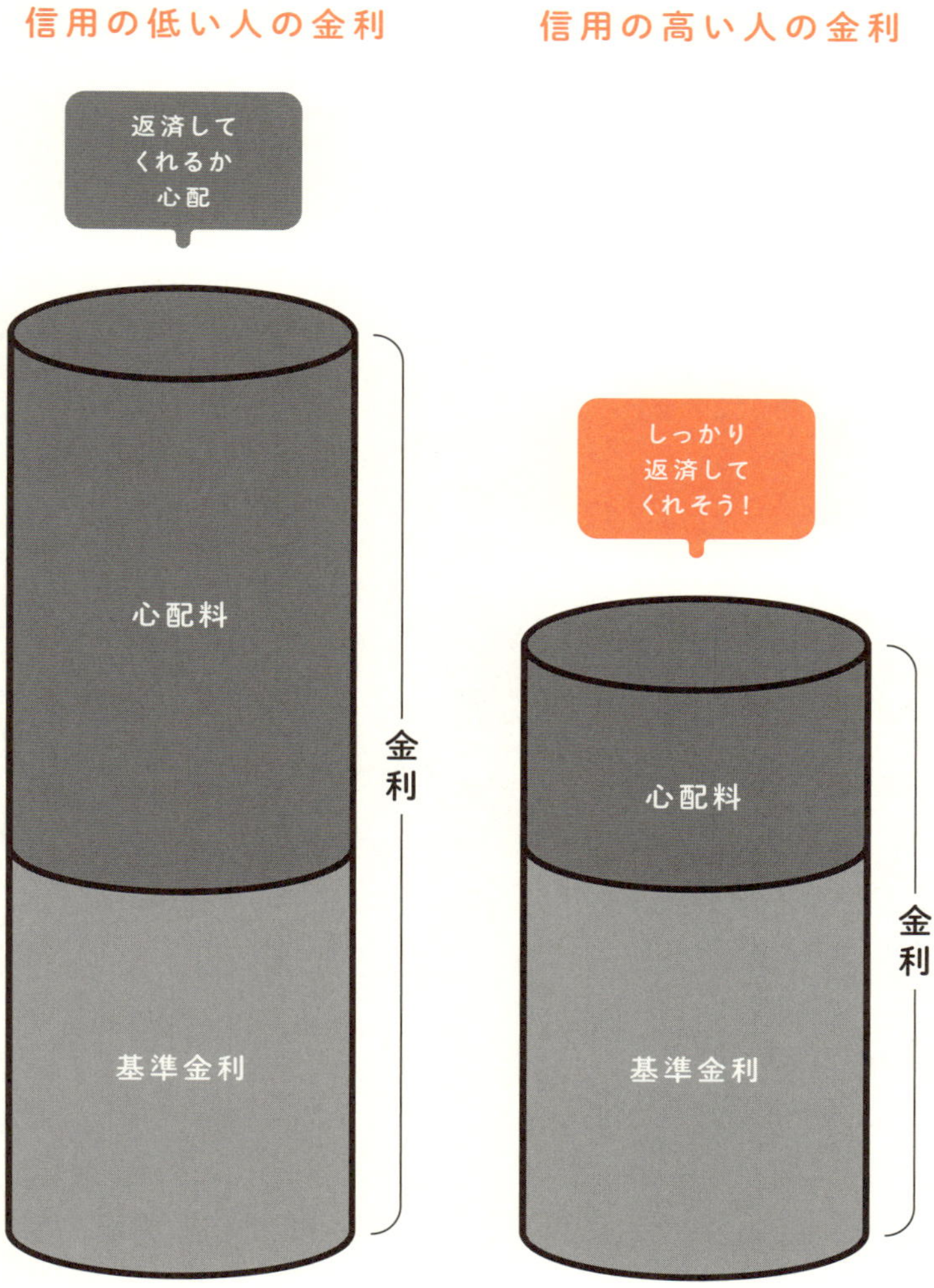
信用の低い人の金利
返済してくれるか心配
心配料
基準金利
金利
信用の高い人の金利
しっかり返済してくれそう！
心配料
基準金利
金利

たとえ、Bさんが堅実な節約家で、Aさんが浪費家だったとしても、結局は「信用」という尺度（正社員かどうか、年収の高低、勤務先の規模など）で、大きな違いが生じてしまうということになります。

ふだん私たちはあまり考えないことかもしれませんが、まさに**「信用＝お金」**なのです。

私たちの貯金は、資産運用に回っている

投資はしたことがなくても、銀行に預金はしているという人は多いのではないでしょうか。

銀行預金でも一定期間が経過すると、（ほんのわずかですが）利息がもらえます（2019年11月現在、大手都市銀行で0・001％）。

銀行にお金を預けるという行為は、逆から見ると、私たちが銀行にお金を貸していることになります。そのため、「利息はそのレンタル料である」というとらえ方もできるので

す。

預金によって集められたお金の多くは、銀行に保管されているわけではなく、銀行によって企業への融資などに使われます。

企業は銀行から借りたお金で設備投資や製品開発を行い、利益を上げます。そして、借りた金額に利息（金利）をつけて、期日までに銀行に返済します。この金利の一部が、私たちの銀行預金の利息になって戻ってきているのです。

また銀行自ら、預金によって集められたお金を使って、株式や国債などの金融商品に投資もしています。

預金によって集めた膨大な資金を元手に、「融資」や「投資」などで利益を得ているのが銀行なのです。

もちろん、銀行とはいえ、企業への融資が回収できなかったり、投資がうまくいかなかったりすることもあります。

当然、銀行はその損失を負うわけですが、その場合でも私たちの銀行預金が減ることはありません。**「元本保証」**という約束のもと、預金しているからなのですが、そういった貸し倒れのリスクを預金者に負わせず、銀行側が負担する仕組みがこの銀行預金といえるでしょう。

ただし、預金は減らない反面、リターンも少ない。

リスクがほとんどないため、リターンも小さいのが銀行預金なのです。

リターンが小さいとはいえ、若干の金利が発生する以上は、預金も資産運用の一種ということはできます。

しかし、**とことんお金を増やしたいと考える人々にお伝えしたいのは、銀行預金（ローリスク、ローリターン）以外の資産運用方法**と、そのリスクとリターンについてです。

というわけで、PART2からはさまざまな金融商品を使った資産運用方法についてくわしく解説していきます。

PART

2

資産運用法・金融商品ガイド編

自分にぴったりの
資産運用法を
見つけましょう!

資産運用5つのキーワード

この章では、資産運用に関する基本的な知識と金融商品について解説していきます。資産運用は学べば学ぶほど奥の深い世界ですが、最少限おさえておきたい内容に絞り込んでお伝えします。

まずは、資産運用に欠かせない5つのキーワードをおさえておきましょう。

1 「インカムゲイン」と「キャピタルゲイン」

「インカムゲイン」とは、ある資産を保有することで安定的・継続的に受け取ることのできる収入のことです。具体的には、銀行預金や債券の利息、株式投資の配当金、投資信託の分配金、不動産投資の家賃収入などを指します。

インカムゲインは、**その資産を保有している間、繰り返し受け取ることができるのが最大の特徴**です。仮に保有している資産の価値が変動しても、多くの場合、長期で保有すればそれだけ多くの回数、インカムゲインを受け取ることができます。

一方、**「キャピタルゲイン」**とは、保有していた資産を売却する際に発生する売却益のこと。つまり、価格が安いときに買って、高くなったところで売却する場合に得られる収益がこのキャピタルゲインです。

キャピタルゲインは、売却時に得られる収益なので、**1回の売買につき、一度しか得ることができません。**その点、繰り返し受け取れるインカムゲインとは異なります。

値上がりすると思った価格が予想に反して値下がりしてしまった場合は、そこで売却すると損失が生じてしまいます。キャピタルゲインの反対で、この損失を「キャピタルロス」と呼びます。

たとえば、1000万円の不動産を購入し、毎月の家賃収入が10万円ずつ得られる物件を10年間保有して、その後1500万円で売却したとしましょう。

その場合、次のようになります。

インカムゲイン：10万円×12か月×10年間＝1200万円
キャピタルゲイン：1500万円－1000万円＝500万円
合算：1200万円＋500万円＝**1700万円の利益**

＊手数料や税金などの諸費用を省いた計算です。

不動産価格が値上がりし500万円のキャピタルゲインを得て、さらに10年間のインカムゲインを合算すると、1700万円もの利益が発生したということになります。

② 複利効果

「複利」とは、**投資元本とそこから生まれた利息を合わせて再投資すること**です。

たとえば、元本100万円を利回り5％で運用すると、100万円×1・05ですから、1年後に105万円になります。翌年はその105万円を新たな元本として、全額再投資します。すると、105万円×1・05で、2年後には110万2500円となります。

このように、「利息が利息を生む」状態になり、**年月の経過とともに増えるスピードが加速度的に速くなっていくのが「複利効果」**です。

100万円を年利5％で運用した場合にいくらになる？

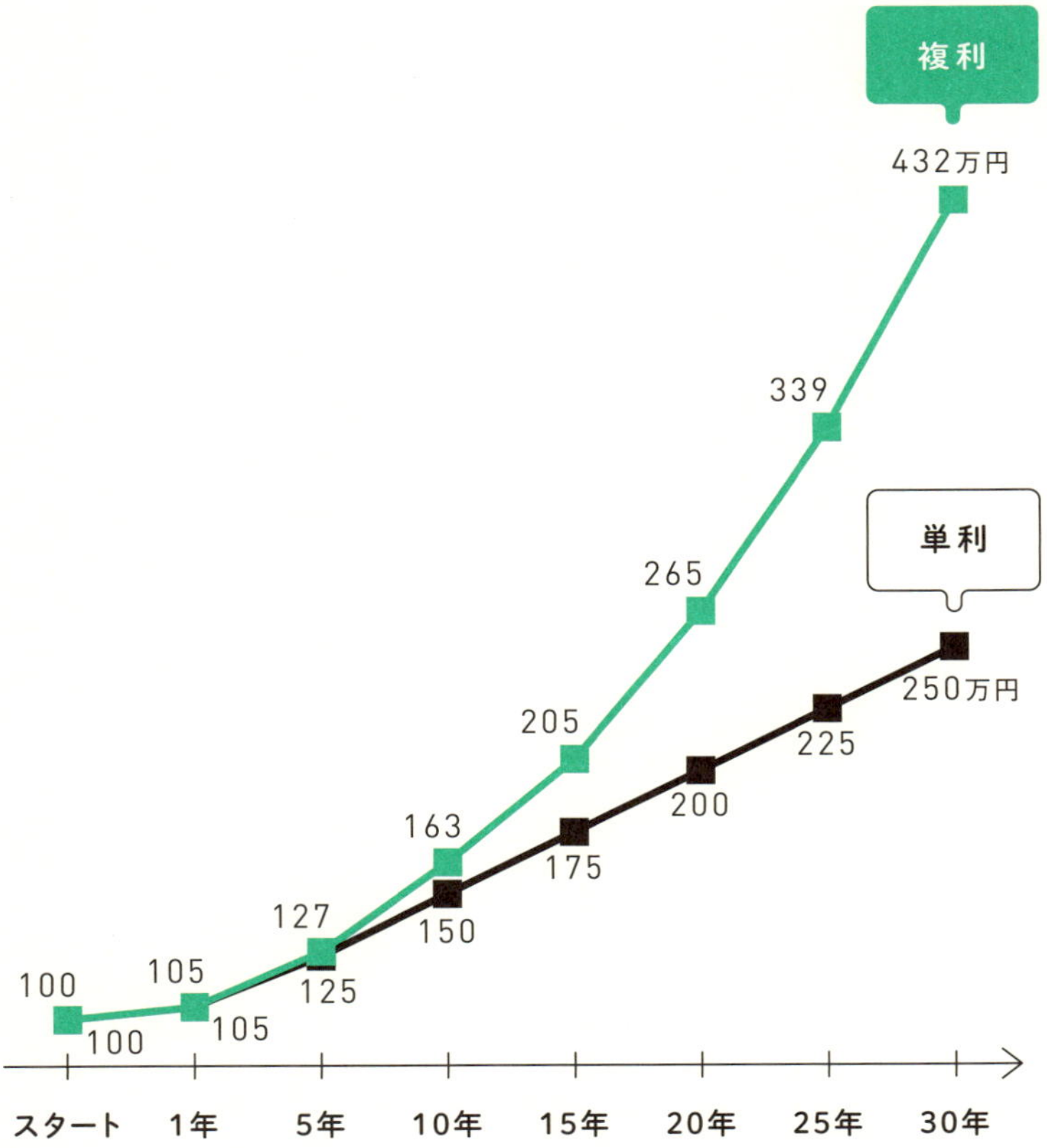

5％と聞くと、一見小さな数字のように感じます。2019年11月現在、消費税が10％なので、資産運用をしていない多くの人がそのように感じるでしょう。

しかし**複利効果というのは、年月が経つほどに、大きな金額となって表れてくる**ものです。長期間続けることによって、まさにお金がどんどん増えていくことが実感できるようになるでしょう。

3 分散投資その1：資産の分散

「卵を1つのカゴに盛ってはいけない」——古くから伝わる投資の格言です。

これは、すべてのものを1つのカゴに集中させると、カゴを落としたときにすべて壊れてしまうが、あらかじめ複数のカゴに分散しておけば、カゴを落としたときのリスクも分散できる、という意味です。

リスクを分散させるために、資産を分散させる。つまり、たった1つのカゴに卵（資産）を入れずに、いくつものカゴを持つことによって、大事な卵（資産）を守ることができるのです。

分散投資——「資産の分散」のイメージ

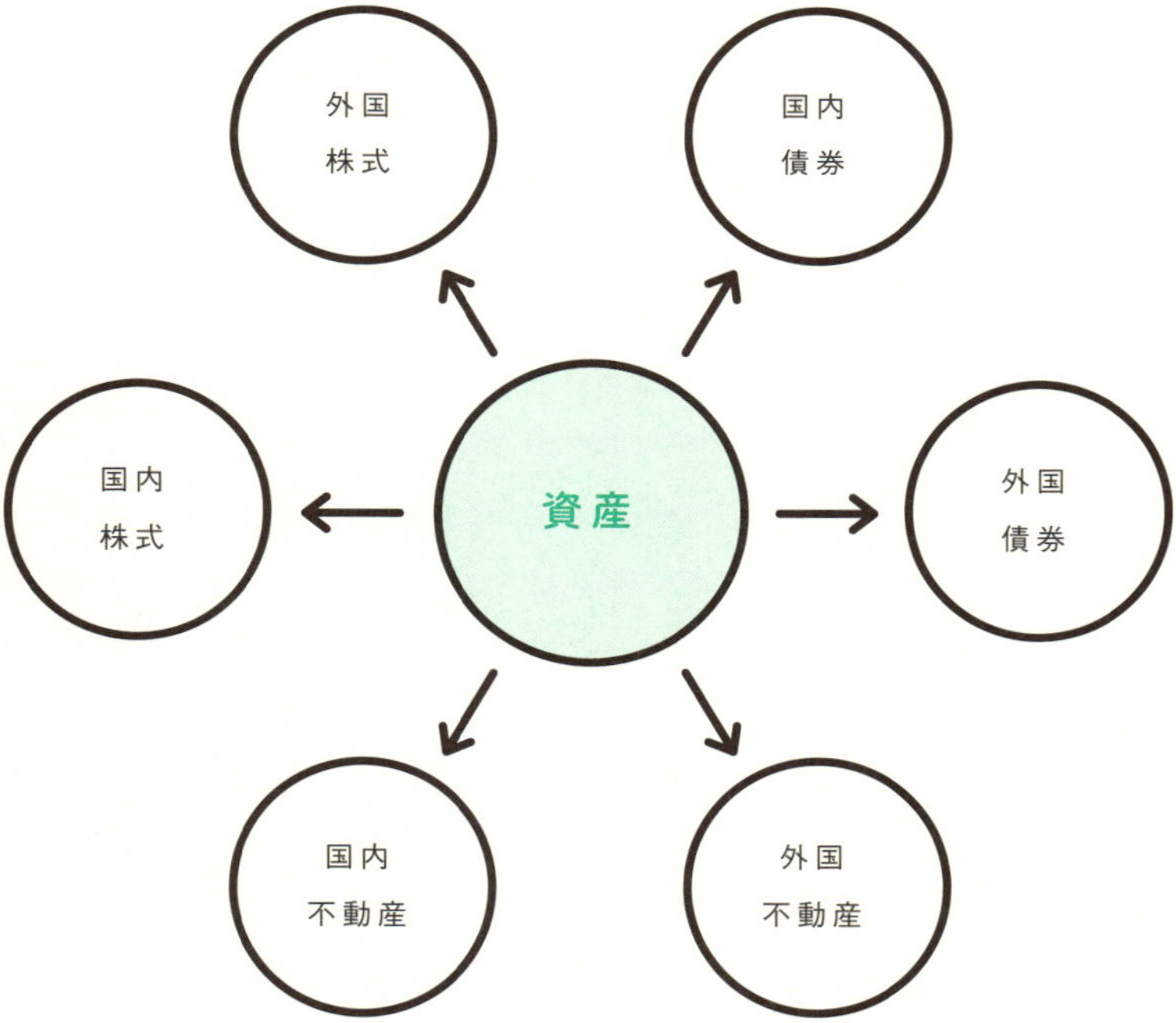

最も基本的な資産の分散としては、資産を**「国内株式」「国内債券（預貯金）」「外国株式」「外国債券」「不動産」**の5つに分けることが挙げられます。また、国内株式のなかで1つの会社ではなく、複数の会社に分散するのも、資産の分散といえます。

ただし、**資産運用においては、つねに資産の分散が正解というわけではありません**（くわしくはPART3参照）。

資産を分散すれば、リスクは小さく、リターンも小さい。資産を集中すれば、リスクは大きく、リターンも大きい――それが投資の真実なのです。

4 分散投資その2：時間の分散

資産の分散だけではなく、**「時間の分散」**もリスクを抑える分散投資の1つです。

大きなリターン（収益）を求めるなら、底値（最も安い価格）で一気に購入できるのが理想でしょう。ところが、いつが底値なのかを予測することは専門家でもできません。タイミングを誤って高値で一気に買ってしまっては、損失も大きくなります。

分散投資——「時間の分散」のイメージ

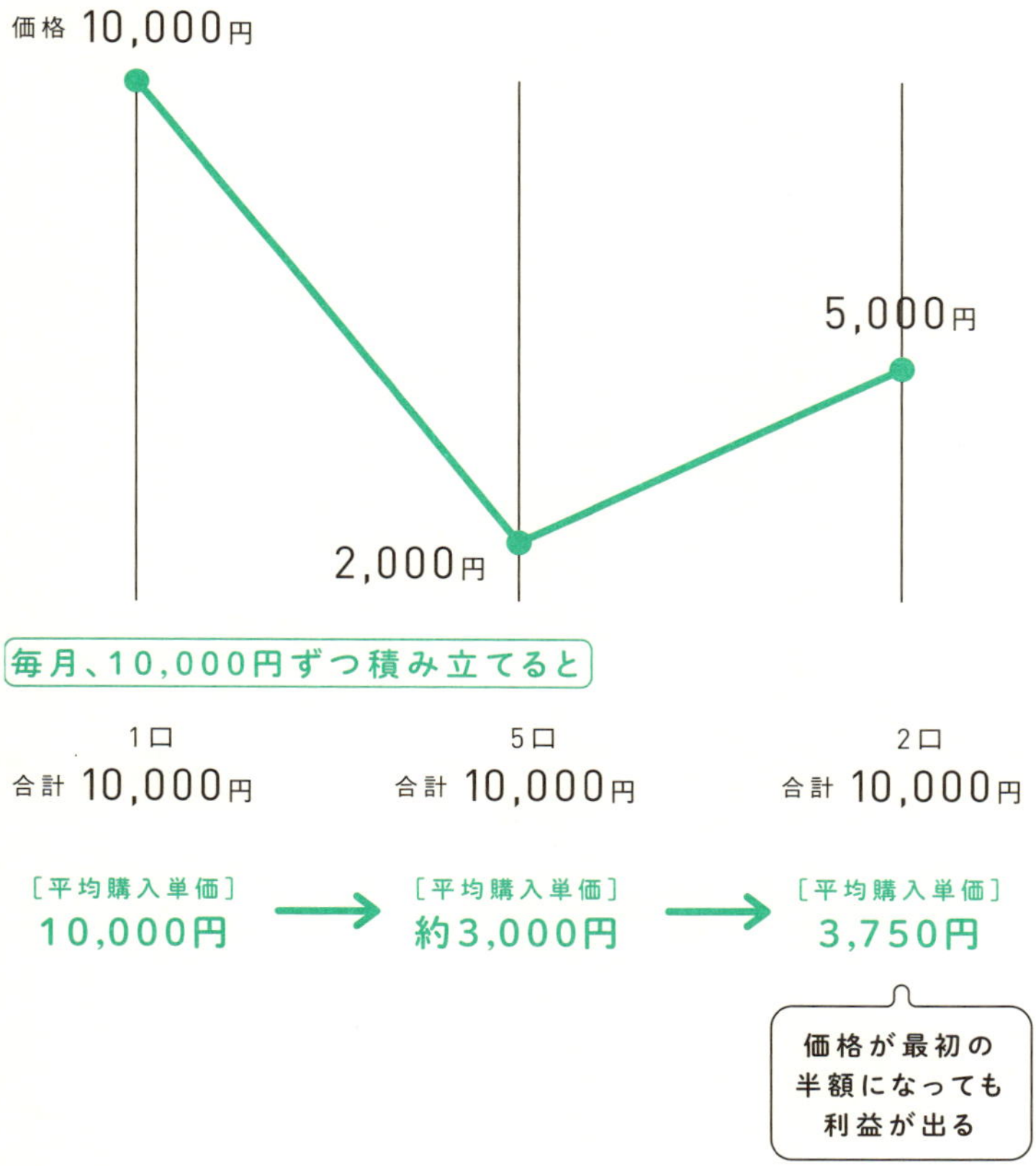

たとえば、同じ投資信託を50万円分購入したいなら、一度にまとめて購入するのではなく毎月5万円ずつ10回に分けて購入してみる。これが「時間の分散」です。**購入のタイミングを分けることで、購入後の値下がりリスクを避けることができる**のです。

時間の分散の代表的な手法といえば、**「ドル・コスト平均法」**という方法があります。毎月一定の金額を決め、定期的に購入しつづけることで、価格が高いときには少なく、価格が安いときには多く買うことになります。

投資信託の購入方法としてよく用いられる方法です。

5 長期投資：時間を味方につける

資産運用においては、**「時間を味方につける」ことが大切**といわれています。

たとえば、目標金額2000万円を貯めるため、毎月コツコツと積み立てるとしましょう。年利3％で複利運用した場合、10年かけて2000万円に到達するには、毎月14万3121円を積み立てる必要があります（税金を考慮せず）。

2,000万円を貯める場合の毎月の積立額
（年利3%で複利運用した場合）

30年

積立総額	1,236万円
運用益	764万円

毎月
3万4,321円

20年

積立総額	1,462万円
運用益	538万円

毎月
6万920円

10年

積立総額	1,717万円
運用益	283万円

毎月
14万3,121円

これは、かなりの大金であるため、10年間毎月積み立てつづけることは多くの人にとって難しいでしょう。

ところが、20年かけて2000万円を貯めるとなると、毎月の積み立て額は6万920円。30年だったら、毎月3万4321円と、ずいぶん負担が小さくなります。

長期運用をするほど、複利効果が大きくなるので、同じ2000万円を貯める場合でも、1か月あたりの積み立て額は4倍以上違います。

ということはつまり、**早くスタートすればするほど、元本は少なく、かつ、大きなリターンを手に入れることができる**のです。

「リスク＝危険」じゃない！
――リスクの意味を知れば怖くない

資産運用には先述のようなメリットがありますが、もちろんリスクもあるということを、ここでお話ししておかなければなりません。

でも、その「リスク」の意味を知っていますか？　リスクの中身を知らないまま、「リスク＝危険」と思い込んではいませんか？

資産運用のリスクとは何なのか、どうすればリスクを減らすことができるのか、について考えてみましょう。

リスクという単語を聞くと、反射的に「危険」とイメージする人も多いようです。

ですが、実は「悪い結果となる可能性」のことをリスクといい、さらにリスクには、**「知識や経験で和らげることができるリスク」**と**「知識や経験ではどうすることもできない商品の値動き幅（ボラティリティ）」**の2つの側面があるのです。

まず、「知識や経験で和らげることができるリスク」について、代表的なものを5つ挙げてみます。

① 価格変動リスク

価格が変動することによって、投資した金融商品の価値が変動するリスクのことです。

株価、為替、債券、不動産などの取引価格は、市場における需給によって決まりますが、一般的に、政治や経済情勢、地価、企業の業績などの影響も受けるので注意が必要です。

○リスク回避方法：**投資する金融商品の特性をしっかりと理解すること**です。

それはたとえば、株式投資についての理解というだけでなく、投資する業界について、投資する企業についても掘り下げて理解し、**どのようなときに、どの程度の値動きがあるのかを把握しておくことが大切**ということです。

② 信用リスク

株式や債券など、有価証券の発行体（国や企業など）が財政難、経営不振などの理由により、債務不履行（利息や元本などを、あらかじめ決められた条件で支払うことができなくなること）が起こるリスクのことです。倒産すれば、投資元本が償還されないというおそれも出てきます。

○**リスク回避方法**：国や企業の財政状況をしっかり理解することです。まだ**理解していないうちは、信用リスクが高い金融商品は購入しないこと**です。

たとえば、事業内容がよくわからない海外の会社よりも、誰もが知っている日本の代表的な会社のほうが信用リスクはずっと低いでしょう。

❸ 流動性リスク

売買が極端に少なくなることで取引が成立せず、売りたいときに売れない可能性があるというリスクのことです。

たとえば、不動産はその資産の特性ゆえに、売れるまでに時間がかかり、換金できるまでの期間が比較的長いので「流動性が低い」といい、日本円と米ドルのようにいつでも取引できて、いつでも換金できるものを「流動性が高い」といいます。

○**リスク回避方法**：頻繁に売買されている（出来高の多い）株式銘柄で取引をしましょう。

上場している株式であっても、1日の間でほとんど取引されていない銘柄もあります。そういう銘柄（株式）を購入した場合、売りたいときに売れず、すぐに売ろうとすると価格が下がってしまいます。そのため、**出来高の多い銘柄を中心に取引を行うことがリスク回避となります。**

不動産の場合には、株式よりも時間がかかりますが、人気エリアであれば売りたいときに売れます。逆に、田舎の山奥の一軒家のように不人気エリアの物件であれば、なかなか買い手が見つからず、流動性が悪い物件となります。その場合、価格を下げて売るしかなくなるので、流動性リスクがとても重要になります。

4 為替変動リスク

日本円と外国通貨の為替相場により、外貨建て資産の価値が変動するリスクのことです。各国の経済成長率や国際収支により、日々為替相場は動いています。**日本円と外国通貨の為替相場は、シーソーの関係になっており、どちらかが高くなると、もう一方は低く**

なります。

おもに、FXや外国株式、外国債券、それらを含む投資信託、外貨建ての積立保険などが影響を受けます。

○リスク回避方法：為替変動が起こったときでも、為替相場を固定させる保険的要素の**「為替ヘッジ」というやり方でリスク回避が可能です。**

ただし、為替ヘッジを行うにはコストがかかり、一般的にはそのコストがいくらかかっているかが見えづらいものです。先物や通貨オプションなど中級者向け以上の知識が必要となりますので、その仕組みを理解しておくことも大切です。

5 インフレリスク

継続的な物価の上昇が原因で、現金の価値が目減りするリスクを意味します。

たとえば、1万円で買えたモノが、物価の上昇（インフレ）によって1万5000円になったとします。1万円の貯金をしていた人は、持っている現金の額である1万円は変わりませんが、1万5000円を出さないとそのモノを手にすることはできないため、相対的に現金の価値が目減りしたことになります。

○リスク回避方法：リスク回避の基本は、現金ではなく物（資産）に変えるということです。その物は、物価上昇にともなって価格上昇していくものが理想で、その対象として、**不動産、株式**などがあります。

つまり、**預貯金だけで資産を持たない**ことです。これから資産運用の方法をしっかりと学んでいきましょう。

さて、このようにいきなりリスクだけを列挙すると、「やっぱり資産運用は怖いし、難しそう……」と思われた人もいるかもしれません。

しかし、それぞれのリスクの解説に付記しているように、**それぞれのリスクにはリスク回避方法がしっかりと存在します。**

つまり、資産運用におけるリスクとその回避方法をきちんと理解し、正しい知識や経験を積めば、和らげることができるということも、ぜひここで理解しておきましょう（今はまだ、リスク回避方法についてしっかりと理解できていなくても、もちろん大丈夫です）。

「ボラティリティ」とは、知識や経験ではどうすることもできないもの

次に、知識や経験ではどうすることもできない**「商品の値動き幅」**（これを**「ボラティリティ」**といいます）についてもお伝えします。

この「ボラティリティ」、先ほど出てきた「価格変動リスク」と近い意味合いで使われることも多いですが、実は似て非なるものです。

ボラティリティは、**一般的に「価格変動の度合い」を示す言葉**で、「ボラティリティが大きい」というのは、その商品の価格変動が大きいことを意味します。逆に、「ボラティリティが小さい」というのは、その商品の価格変動が小さいことを意味します。

たとえば、仮想通貨の「ビットコイン」は、2015年から19年までに、次ページのグラフのような激しい動きとなっています。

いかに仮想通貨の知識を身につけたとしても、この値動き幅を和らげることはできない

ビットコインの値動き（2015年12月〜2019年9月）

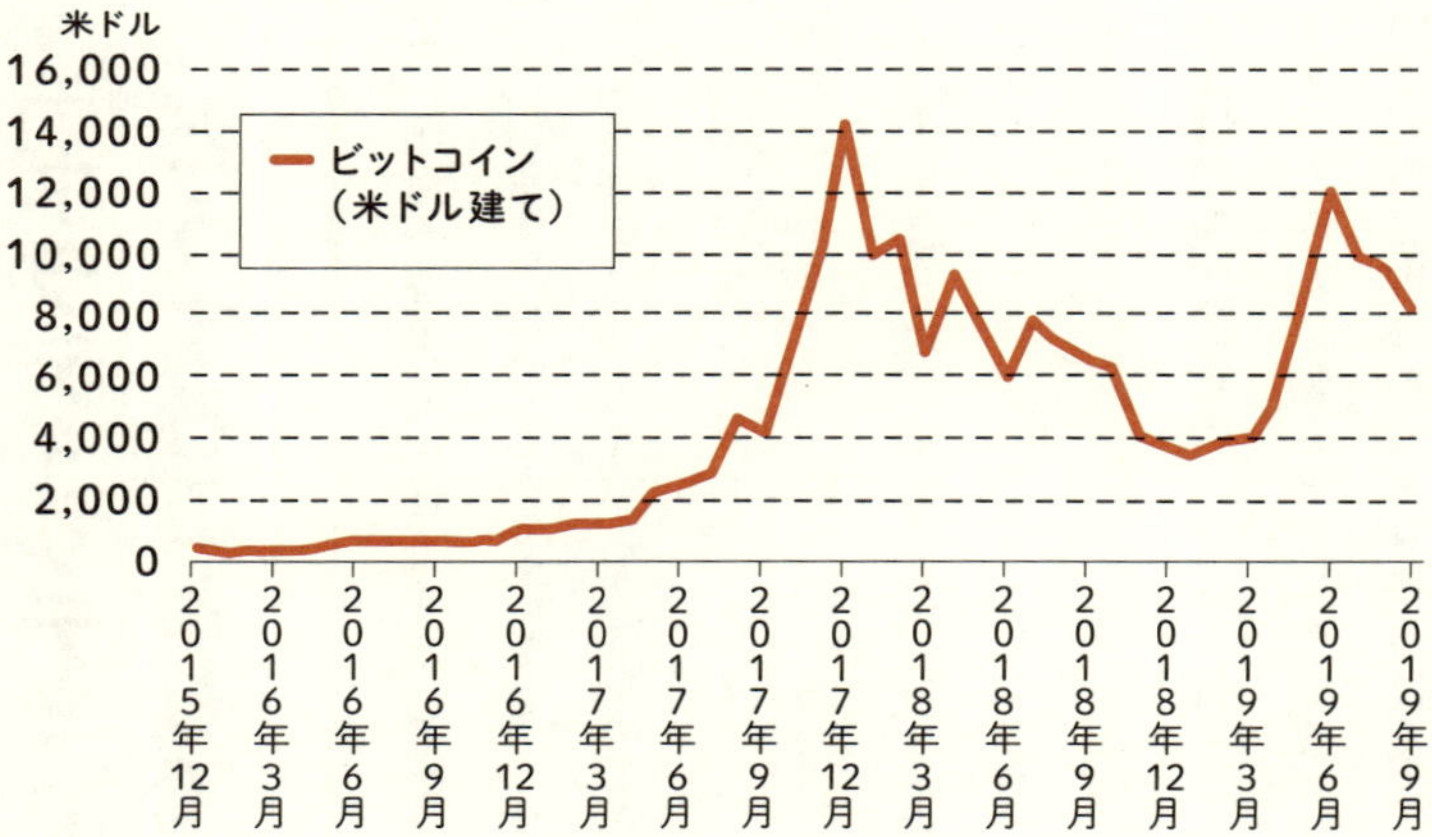

でしょう。

「ボラティリティが大きい」といわれる商品は、リターンも大きいですが、リスクも大きいというのは避けられません。

また、2019年現在、仮想通貨の値動きを予想することは難しいといわれています。

したがって、**ボラティリティが大きい商品に投資をするのは、ある程度資産運用に慣れてから**、もしくは余裕資金で行うことをおすすめします。

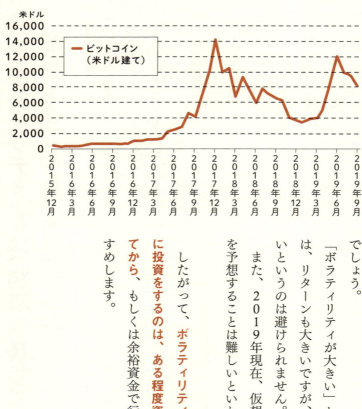

知識と経験があれば、「リターンを最大にし、リスクを最小にする」のは可能

さて、リスクとボラティリティに関して理解していただいたので、今度は**「リターン」**についても考えてみましょう。

多くの人が資産運用をするのは、「お金を増やす」というリターンを求めて行うことが一般的でしょう。

そして、よく「リターンが大きいものは、リスクも大きいから危険」「リターンが小さいものは、リスクも小さい」と考えられています。

しかし、先ほど説明したように、リスクは知識と経験で軽減できます。

つまり、**知識と経験があれば、「リターンは最大に、リスクは最小に」ということが可能**なのです。

たとえば、先述のウォーレン・バフェット氏が行う株式投資と、何の知識もない社会人

1年目のサラリーマンが行う株式投資のリスクは大きく違うでしょう。それは決して、動かす資産額が違うからという話ではありません。

もちろん、センスもあるかもしれませんが、それだけではありません。

では何が違うか――それが、**知識と経験**なのです。

これはなにも、ウォーレン・バフェット氏に限った話ではありません。

たとえば、株式投資の知識を体系的に学び、しっかり知識を身につけた人と、何の知識もない社会人1年目のサラリーマンを比較しても、リスクは大きく違うということです。

何も知らない人が、株式投資をすることはやはり危険です。しかし、本書で資産運用の基礎を知ることで、小さな知識が身につきます。

そのあとも、それぞれの資産運用の専門書で深い知識をつけることも可能ですし、ファイナンシャルアカデミーのような体系的なカリキュラムで学ぶことができる学校で、さらにくわしい知識を身につけることも可能です。このような**ステップを踏みながら、正しい**

経験を積み重ねれば、リスクは限りなく小さくなっていくことでしょう。

そうすることで、先述のキーワードとして挙げたような**5つのメリットのみを得られるようになる**のです。

つまり、同じように株式投資をする人がいたとしても、ある人にとっては大きなリスクかもしれませんが、ある人にとってはリスクは限りなく低く、リターンだけが大きくあるということもありえます。

無知こそ、最大のリスクである

ここであらためて、みなさんにお伝えしたい大事なことがあります。

それは、**「無知＝最大のリスク」**ということです。

これは資産運用のリスクというよりも、人の判断リスクです。

金融商品自体のリスクはさほど大きくなくても、「無知＝知識がない」ゆえに大きな損失が発生するおそれは大いにあります。


なぜ、無知が最大のリスクになるか。それは車の運転を例に考えると、とてもわかりやすいものです。

たとえば、車の構造や交通ルールを何も知らない中学生がいたとします。つまり、車の運転についての知識がない状態です。その中学生が車を運転するとなると、誰もがリスクが高いと考えます。でもそのリスクというのは、車自体や交通ルールのリスクではなく、誰もがその人（中学生）自身のリスクと想像できます。

実は、資産運用もこれと同じです。資産運用には、車の構造と同じように金融商品の構造があり、標識や交通ルールのように当然守るべきルールがあります。それを知らないと、事故を起こしてしまうのです。

ただこのリスクは、車の運転と一緒で、**知識と実地トレーニングにより回避することができます。**

車の運転のリスクを回避するために、私たちは誰もが、交通ルールの知識を学び、教習所などで実地トレーニングを行います。そのうえで、事故のリスクが少なくなったときに運転免許証が発行され、一人で運転してもリスクが低い状態になるのです。

このように、車の運転と資産運用は非常に似ています。そして、「無知こそが最大のリスク」ということなので、**資産運用のリスク回避にはまず知識をつけること**だと理解していただけたと思います。

ここまでは、無知がリスクとなるということについて、運転をする場合を例にして説明しました。つまり、「無知の状態で資産運用を行った場合」のリスクです。

では、「無知の状態であるならば、そもそも資産運用をしなければリスクがなくなるのでは？」と思う人もいるかもしれません。

でも実は、**資産運用を行わなかった場合、別の大きなリスクが発生する**ことに目を向けなくてはいけません。

それは、**「将来、お金が足りなくなる」というリスク**です。車の運転で例えると、車の運転は危険だからといって、遠い目的地まで歩いていくということ。車の運転での事故はなくなりますが、目的地に到着できないというリスクが発生します。これと同じです。

車と同様に、資産運用にはさまざまなメリットがあります。先に挙げたようなインカムゲインやキャピタルゲイン、そして複利効果といった、資産運用を行った結果としての大きなメリットが享受できなくなり、**将来お金が足りなくなったときに気づいても手遅れになってしまう**のです。

「怖いから」「危険だから」「危ないから」という理由で、資産運用をしないでいると、貯金が減ることはないかもしれません。

しかし、資産運用をしないで、あなたの人生を豊かにするための目標金額を達成するためには、自分の身体を酷使して働き続けるか、欲しいものもすべて我慢する節約生活を続けなければいけないかもしれません。

つまり、**資産運用における真のリスクとは、株式や不動産の価格変動、未来の世界情勢や景気動向ではありません。投資をする人自身のリスクであり、そして将来、お金が足りなくなるというリスクなのです。**

それでは、あなたに大きなリターンをもたらす可能性がある資産運用の種類にはどのようなものがあるのか、次のページから1つずつ解説していきましょう。

	④商品 （コモディティ） （→167ページ）	⑥現預金（為替） （→193ページ）	⑦その他資産、 デジタル資産 （→209ページ）
	現物商品 （金etc）	現預金	その他資産 （未公開株、 美術品etc）
	⑤商品先物 商品ETF （金、原油etc） （→183ページ）	外貨	デジタル資産 （暗号資産、 クラウド ファンディング etc）

7つの資産運用のカタチ

①株式 (→119ページ)	②債券 (→133ページ)	③不動産 (→144ページ)	
現物株	国債 社債	現物不動産 （自宅、 アパートetc）	
⑤投資信託 株価連動 ETF (→183ページ)	⑤投資信託 債券ETF (→183ページ)	⑤不動産 ファンド （REIT） (→183ページ)	

資産運用法解説ページの読み方

ここまでで、資産運用によるリスクとリターンなどについて説明してきました。

ここからはさらに深掘りして、各金融商品の知識を身につけていきましょう。それぞれの金融商品や資産運用法（投資法）にはどのようなリスクとリターン、ボラティリティの度合いがあるのか、資産運用の仕組みから、それぞれにかかるコスト、資産運用で目指せる目標などについて学んでいきます。

［難易度］
★★★
［リターン度］
10～20%
［リスク度］
★★★
［ボラティリティ度］
（値動きの幅）
★★★★

初めて学ぶ人にもわかりやすくするために、上の見本のように、**「難易度」「リターン度」「リスク度」「ボラティリティ度」**の4つの指標を設け、それぞれの指標について★表示や数字を入れました。

○**「難易度」**
その言葉のとおり、その資産運用を理解できるまでの難しさを表します。

○**「リターン度」**
期待できる年間利回りを表します。10％の場合、１００万円を投資して1年で１１０万円になることが期待できる方法である、ということです。

小さな数字だと思う人もいるかもしれませんが、「複利」というキーワードを思い出してみてください。資産運用は、その場限りの博打《ばくち》ではありません。**続けて利益を出しつづけることに意味がある**のです。

○**「リスク度」**
これまで説明したとおり、知識や経験で軽減できる度合いです。★の数は知識や経験がない場合の数なので、**知識や経験で減らしていけるもの**だと考えておきましょう。

○「ボラティリティ度」

知識や経験でコントロールできない金融商品の値動き幅です。★の数が多いほど、値動きの激しい商品ということになります。

それぞれの商品特性をしっかりと理解しておくことが大切です。

それでは、いよいよ7つの資産運用の方法について、1つずつ解説していきましょう！

1 株式

ざっくり解説

いわゆる
「株」のこと。
配当金・
株主優待が
ある場合も

［難易度］
★★★

［リターン度］
10〜20％

［リスク度］
★★★

［ボラティリティ度］
（値動きの幅）
★★★★

そもそも、「株式」とは？

会社は、事業資金が必要な場合に、銀行からの融資を受けたりしますが、それだけでまかなえるとは限りません。そこで広く、一般の会社や投資家から資金を調達するために発行するのが**株式**です。

会社が発行した株式を投資家が購入すると、会社には資金が入ります。一方、投資家側は発行した株式を購入することで、株主となり、その会社の所有者の1人となるのです。

証券取引所で売買される株式のことを「上場株式」といい、株式を証券取引所に上場している会社を「上場会社」といいます。これから解説する「株式投資」は、**証券取引所に上場している会社の株式を売買すること**を指します（上場していない株式の売買については、211ページで解説します）。

「株式投資」とは？

上場会社が発行した株式を、証券会社などを通じて購入し、値段（株価）が上がったときに売却するのが、株式投資の仕組みです。**買った価格より高値で売却できれば利益となりますが、買った価格より安値で売却となれば損失となります。**

株式を購入した投資家には、株主としての権利が与えられます。その権利の代表的なものは、配当金、株主総会での議決権などで、その会社の所有者の1人として意見も言えるようになるため、**「株式会社の一部分を買う行為」**ともいえるでしょう。

1株でも購入すれば、その会社の株主になります。法律上、会社の持ち主は株主なので、株の所有率に応じた会社の共同オーナー・部分オーナーになるともいえます。

株式投資で利益を出す方法は、大きく2つあります。

1つは配当金を積み重ねていく方法（インカムゲイン）で、もう1つは株式の売買で売却

株式投資の仕組み

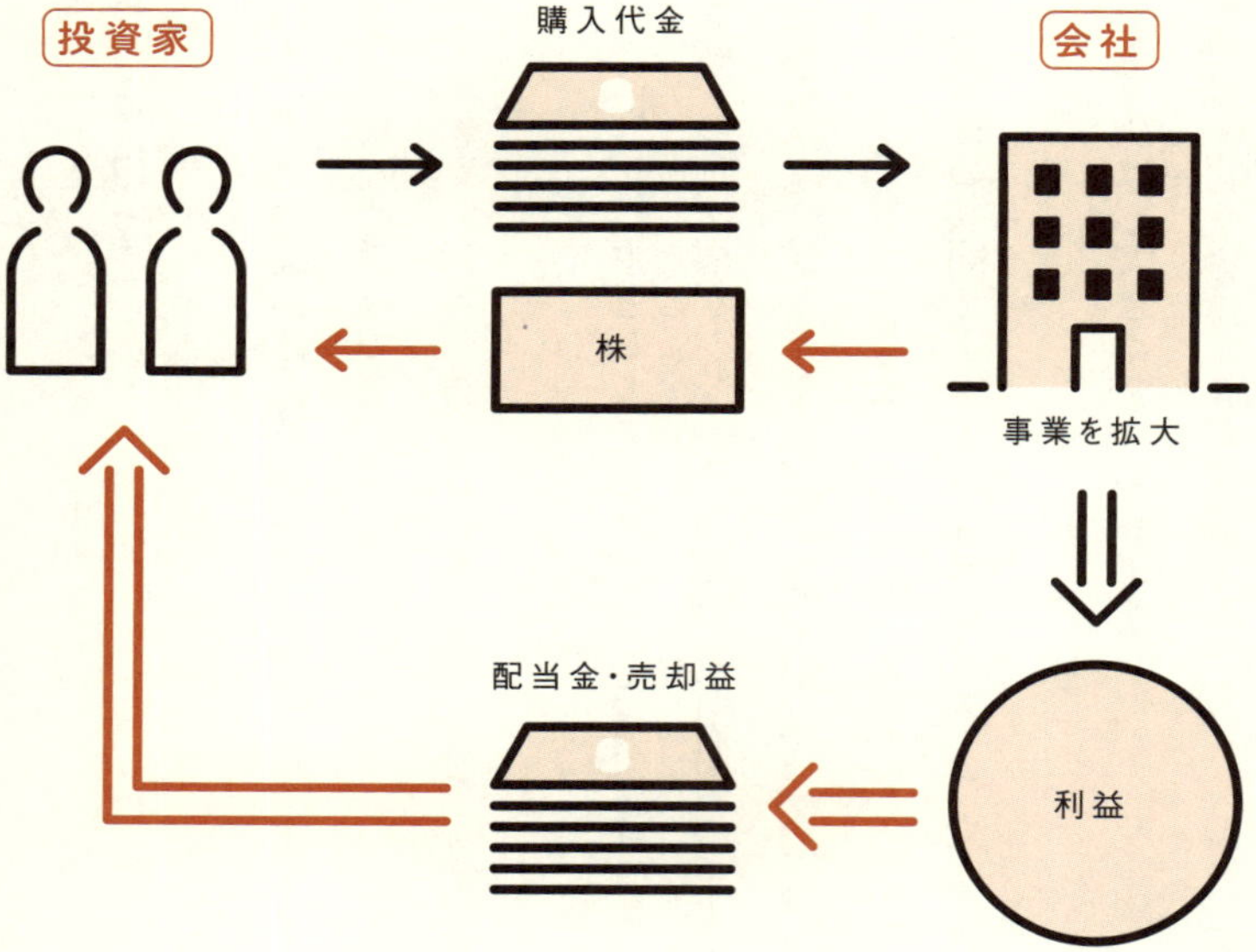

益を出していく方法（キャピタルゲイン）です。

ここでは、株式の売買で売却益を出していく方法についてもう少しくわしく解説します。

株式投資の基本は「安く買って高く売ること」ですが、これはすべての投資の基本でもあります。

そして、株式を安く購入するうえで最も重要なポイントは、**「業績がよくて、割安な株を、値上がりする前のタイミングで購入する」**ということです。

- 企業の売上高と利益が順調に拡大していることで**「業績」**を確認し、
- 株価が、発行している1株あたりの利益に対してどのくらいの値段になっているかで**「割安性」**を判断し、
- 株価の値動きの方向性（チャート）が低い位置にある**「タイミング」**を見極める

これが、値上がりする株を安く買うための秘訣ともいえます。

上場している会社は、決算の内容などを、決算説明会や有価証券報告書などで開示する義務があります。そのため投資家は、会社の財務状況や業績などを見るファンダメンタルズ分析や、過去の値動きからトレンドやパターンなどを把握して、今後の株価動向を予想するテクニカル分析を駆使することで、投資する企業やタイミング（買い時、売り時）を見極め、より高い利益を出すことが可能となるのです。

株式投資で利益を出すためには、もう1つおさえておかなければいけない大事なことがあります。それは、**経済の動きを知る**ということです。

いかに業績がよい会社に投資したとしても、業界全体に影響するような悪いニュースが報道されたり、日本の上場企業の株価が大きく値下がりする日などは、投資している会社の株価も短期的には影響を受けることが多々あります。

一企業の株価は、その会社の業績のみならず、経済や政治の動き、景気、金利、為替にも左右されるので、投資する会社だけではなく、株式市場、ひいては日々のニュースにもアンテナを張るようにするとよいでしょう。

株式投資のコストは？

株式投資を行うには、大きく分けて2種類のコストが発生します。1つは証券会社に支払う各種手数料、もう1つは税金です。

株式投資で得られる利益は、これらのコストを差し引いた金額になります。

1 証券会社の手数料

証券会社に支払う手数料の1つには、「売買委託手数料（売買手数料）」があります。

実際の株式の取引は、証券取引所で行われますが、その証券取引所と一般の投資家が直接取引することはできず、その売買を証券会社に委託する形となるため、その委託手数料として発生します。

売買委託手数料は、買ったとき、売ったときの両方にかかってくることを覚えておきましょう。

一昔前であれば、この売買手数料はどの証券会社でも同じ金額でしたが、現在では手数料が自由化され、証券会社の数だけ料金体系が存在しています。

特に**ネット証券**は、店舗を持たないぶん、手数料を引き下げやすく、**店頭で行う対面取引と比べ10分の1程度の水準**となっています。

例：
- ネット証券A社：　200円（1回の売買につき）
- 対面取引店舗証券B社：　2500円（1回の売買につき）

❷ 税金

株式投資にかかる税金には、大きく分けて「キャピタルゲイン課税」と「配当課税」の2種類があります。

「キャピタルゲイン課税」は、株式を売買して売却益を得たときにかかる税金のこと。その年の1月1日から12月31日までに発生した売却益から、売買手数料などを差し引いた金額に対して約20％かかります。**「配当課税」**は、企業から配当金を受け取ったときにかかる税金のことで、こちらも約20％がかかります。

税金に関しては、**毎年120万円分の取引を上限とした「少額投資非課税制度」（NISA）**があるので、有効に活用することをおすすめします（NISAについては、226ページでくわしくお話しします）。

株式投資のメリットは？

- 値上がり益（株式の売買で利益を得るキャピタルゲイン）
- 配当金（会社が得た利益を還元されるインカムゲイン）（＊配当金が0円の会社もあります）
- 株主優待（会社が株主にモノやサービスを贈呈する）（＊扱っていない会社もあります）
- 会社の経営に参加することができる

株式投資の一般的なメリットを挙げましたが、ほかにも**「株式投資をすることで経済や社会の動きについて敏感になれる」**という利点もあります。

たとえば、会社の同僚や友人との会話のなかで「この店が美味しい」「あの店は安いけどイマイチ」など、ふだん何気なく話している内容にアンテナを張ることで、美味しい食品、流行りの飲食店、化粧品、洋服などの情報が、いち消費者としてではなく、投資家としての視点でとらえることもできるということです。

どの会社が販売しているのか、親会社はどこかといったことを少しチェックしてみるだけで、今後株価が値上がりしそうな会社を発見できるかもしれません。

株式投資のデメリットは？

1 株価変動リスク

証券取引所が開いている時間帯は、つねに株価が変動し、うまく売買できれば売却益が期待できます。しかし、**株式投資は元本が保証されるものではなく、**購入時の株価よりも値下がりすると、損失を出す可能性もあります。

売却益が期待できる一方で、株価が値下がりして損失を出す可能性もあることを理解しておきましょう。

2 信用リスク

株式投資での信用リスクとは、投資した会社が倒産するリスクを指します。そうすると、株式に投資したお金を取り戻せなくなり、投資資金を失うことになるかもしれません。

しかし、ここではあえて「リターン」に関しても触れておきましょう。

仮に、100万円分の株式を購入したとします。この場合、会社が倒産した場合に被る最大リスクは100万円の損失です。

一方、もしも値上がりして株価が10倍になったらどうでしょう？　その際は当然、1000万円で売却することもできるのです。

このように、**「リスクは有限、リターンは無限」**ということも覚えておきましょう。

③ 流動性リスク

売買が減って取引が成立せず、株式を売りたいときに売れない可能性があることをいいます。

上場会社の株式が、証券会社を通じていつでも取引できるといっても、その取引の量には会社ごとに大きな差があります。あなたが株式を買う（買える）ということは、見知らぬ誰か（投資家）が株式を売らなければできないことです。つまり、売りと買いが一致したときに初めて、売買という取引が成立するのです。

その取引の量が、一日に1万件の取引がある会社と、一日に10件の取引しかない会社では、売れるタイミングが異なります。

一日に1万件の取引のある会社の株を売りたいとき、すぐに買い手が見つかり売却することができますが、一日に10件しかない会社の株を売りたいときは、すぐに買い手が見つかるとは限らず、何分も何時間も待たなくてはいけないこともあるのです。

このように、すぐに買い手が見つからず取引が成立しないリスクを**「流動性リスク」**といい、**できるだけ取引の多い会社の株式を選択することで、そのリスクが軽減されるので**す。

なお、その取引の量は**「出来高」**といい、公表されていますので、誰もが調べることが可能です。

基本的な資産運用法と目指せる成果は？

人によって目指す目標は異なるので、ここではあくまでも初心者がまず目指したい運用方法と成果についてお伝えしていきます。

まずは、**「3〜5銘柄くらいを保有し、数か月に1回程度の売買を繰り返しながら、年間利回り10％以上を目指す」**を最初の目標としましょう。

この**「銘柄」**とは、証券会社を通じて、売買取引の対象となる株式（有価証券）の名称のこと。株式や債券、商品などの取引で使用される言葉です。本書では、今後も何度か出てくるワードなので覚えておきましょう。

「利回り」とは、投資した金額に対する収益割合を、1年あたりの平均に直した数字を意味します。つまり、株式投資で100万円を投資するとした場合のまず最初の目標は、1年間で10万円増やすことを目指しましょう、ということです。

値上がりしそうな銘柄を探し、いくつか分散して購入することで、リスクをできるかぎり減らしながらも、売買を繰り返すことで、期待した利回りが得られるようになるでしょう。

実は、株式の銘柄のなかには、2倍以上株価が値上がりするものもたくさんあります。**年間利回りとして、20％以上をキープすることも十分可能**な運用方法なのです。

2 債券

ざっくり解説

国債・社債など。
元本割れを
絶対に
避けたい人は
これ！

［難易度］
★

［リターン度］
1～5％

［リスク度］
★★

［ボラティリティ度］
（値動きの幅）
★

そもそも、「債券」とは？

資金調達をしようとする発行体（国や地方公共団体、会社など）が、投資家からお金を借り入れる際に発行する「借用証書」のようなものです。

公共のものには、国や地方が発行する**「国債」「公募地方債」**などがあり、民間のものには会社が発行する**「社債」**などがあります。

先ほど、借用証書のようなものと説明しましたが、借用証書と違うのは**「自由に売買が可能」**なところです。

「債券投資」とは？

会社の資金調達方法の一種で、自由に売買が可能と聞くと、社債（債券）と株式との違いがわからないという人もいるかもしれません。

債券投資の仕組み

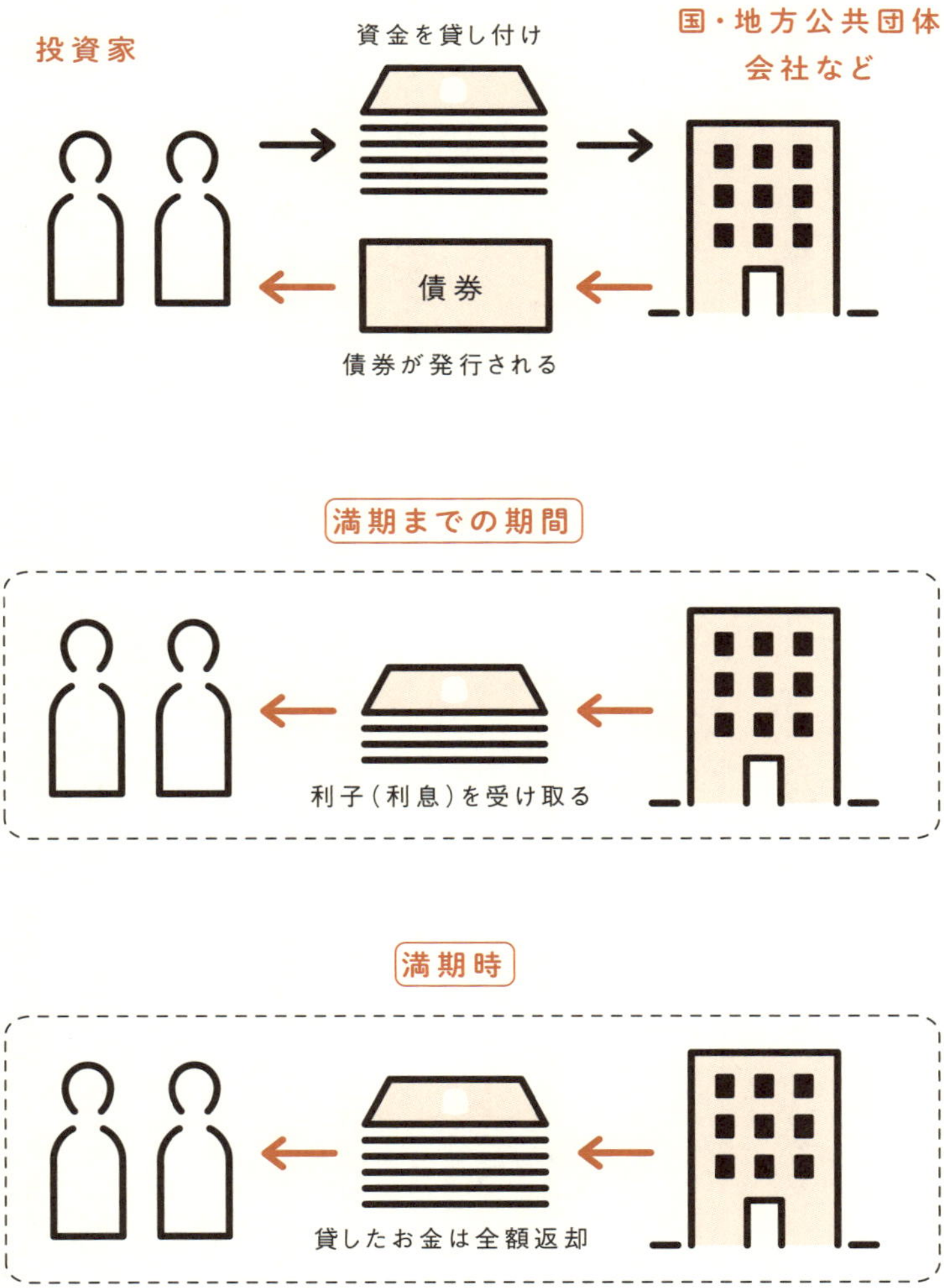
投資家
資金を貸し付け
国・地方公共団体
会社など
債券
債券が発行される
満期までの期間
利子(利息)を受け取る
満期時
貸したお金は全額返却

株式は、そもそも株式会社から、「わが社の将来に期待して、お金を出してくれる人はいませんか」という要望に応じて投資するもの。ですから、会社は投資家から集めたお金を返す必要はありません。投資家からすれば、投資したお金が返ってこない場合もあります。

しかし社債は、あくまでもお金を貸しているだけなので、**期日（「償還日」や「満期」ともいう）になれば貸したお金は全額返却され、満期までの期間、利子（利息）を受け取ることもできる**という違いがあります。

債券が発行される際には、あらかじめ一定の発行条件が設定されます。投資家はこれらの条件を確認したうえで、債券を購入するかどうかを判断します。

主な発行条件には、次のようなものがあります。

- **額面金額**：債券購入の単位となる金額で、この金額が償還日（満期）に投資家に返済されます。
- **表面利率**：額面金額に対して、1年間に支払われる利子の金額です。「クーポンレート」とも呼ばれます。

- **発行価格**：債券が発行されるときの価格で、額面とは異なる場合もあります。
- **償還日**：返済期日で、額面金額が返済される日付です。
- **利払日**：利子が支払われる日をいいます。

債券は、基本的には証券会社で売買できますが、**国債などは銀行や郵便局などの金融機関でも購入できます。**新規に発行される債券を「新発債」、その後資本市場で売買される債券を「既発債」といいます。

新発債の場合は、購入できる期間が決められているので、その期間しか買うことができません。また、債券として発行される金額も事前に決まっていて、その金額に達した場合は、購入期間中でも買うことができなくなります。**人気の債券は、販売開始してすぐに完売することもあるので注意が必要です。**

既発債の場合は、購入期間は決まっておらず、いつでも買うことができますが、市場に出回る数量には限りがあります。

また、新発債も既発債も、**証券会社によって取り扱っている銘柄や通貨が異なっているのが特徴です。**

同じ通貨、同じ発行体の場合、債券の満期が長くなるほど、一般的に利回りは高くなります。

債券投資のコストは？

債券の取引を行うには、大きく分けて2種類のコストが発生します。1つは証券会社に支払う各種手数料（発生しない場合もあります）、もう1つは税金です。

1 売買委託手数料

新発債は、手数料なしで購入できますが、既発債の売買取引については、取引形態によっては売買委託手数料がかかります。

公社債の売買には、証券会社の店頭で投資家と証券会社とが相対《あいたい》で取引を行う「店頭取引」（取引所外取引）と、証券会社を通じて金融商品取引所に注文を出す「取引所内取引」があり、取引のほとんどが店頭取引によって行われています。

金融商品取引所に上場されていない債券（非上場債券）は、すべて店頭取引により売買され、金融商品取引所に上場されている債券（上場債券）は、取引所内取引だけではなく店頭取引でも売買できます。

債券は株式と異なり、性質上、何度も売買するものではありません。**売買手数料に関してはあまり気にしなくてもいいでしょう。**

❷ 税金

債券投資の場合、大きく分けて**「利子」「譲渡益」「満期時の償還差益」に対して課税されます。**その年の1月1日から12月31日までに発生した利益に対して、約20％かかります。

債券投資のメリットは？

- 購入後、一定の利子（クーポン）を受け取れる（預貯金と比べて高利率なことが多い）
- 満期日に額面金額が返ってくる（元本保証）

債券は**貸したお金はきちんと戻り、途中で利子ももらえる**という商品です。安全性が比較的高く、**不況で株価が低迷しているときなどに買われる傾向があります。**

元本割れは絶対に避けたいという人に向いているといえるでしょう。

債券投資のデメリットは？

債券は安定した運用商品ですが、次のような４つのリスクが考えられます。

① 価格変動リスク

債券の価格は、金利動向や発行体の経営・財務状況の変化などによって上下します。償還日前に途中売却する場合、取引価格が元本を下回ってしまう場合もあります。

② 信用リスク

債券の発行体が約束どおり利子を支払えなくなったり、債券の償還（返済）をできなくなったりする**「デフォルト」**（債務不履行）が生じるリスクがあります。

そこで、発行体の信用度を判断するための目安として**「格付け」**があります。格付けの高い、つまり信用リスクの低い発行体の債券のほうが、利回りも低い傾向にあります。

ただし、利回りが高い債券ほど、デフォルトリスク（元利金の支払が遅延したり減額されたりするリスク）も高まるので注意が必要です。

❸ 為替変動リスク

円以外の通貨（外国通貨）で元本を払い込み、外貨で利子や償還金を払うことを約束している債券である「外貨建て債券」では、利子や償還金の受け取り時点における為替水準によって、円での受取金額が変わります。**円安になった場合は為替差益を受け取ることができます**が、円高になった場合は為替差損が発生してしまいます。

❹ 金利変動リスク

金利が変動する可能性のことです。一般的に、金利が上がると債券価格は下落し、金利が下がると債券の価格は上がります。また、満期までの期間が長い債券ほど、金利変動の影響を大きく受けます。

基本的な資産運用法と目指せる成果は？

債券はその性質上、定期預金に近い特性を持っているので、**投資初心者がはじめやすい金融商品**であるといえます。

しかし、発行元が安全性の高い日本国債などでは、年間利回りも1％前後しか期待できません。

債券投資をするなら、まずは債券の種類と特性をしっかりと学びましょう。そのうえで、利回りの違いと信用リスクをしっかりと分析することができれば、年間利回り2〜5％程度でも比較的安定した運用利回りが得られるようになるでしょう。

債券投資で10％などの利回りを狙うということは、デフォルトリスクが高くなるのであまりおすすめしません。

3

不動産

ざっくり解説

高額な資金を
必要とするが、
何もしなくても
毎月、安定収入が
得られる

［難易度］
★★★★

［リターン度］
10～30％

［リスク度］
★★★

［ボラティリティ度］
（値動きの幅）
★★

そもそも、「不動産」とは？

株式や債券に比べると、「不動産」はイメージしやすいでしょう。土地、マンション、アパート、駐車場など、文字どおり動かすことができない不動の財産のことをいいます。もちろん、マイホームも不動産の一種といえます。

「不動産投資」とは？

投資家が、マンションやアパート、オフィスビル、駐車場などの不動産を購入して、賃料収益を得たり、売却して売買益を得たりすることです。

アパートやマンションの一室または一区画を所有することを「区分所有」、アパートやマンション一棟を丸ごと所有することを文字どおり「一棟所有」といいます。

不動産投資の仕組み

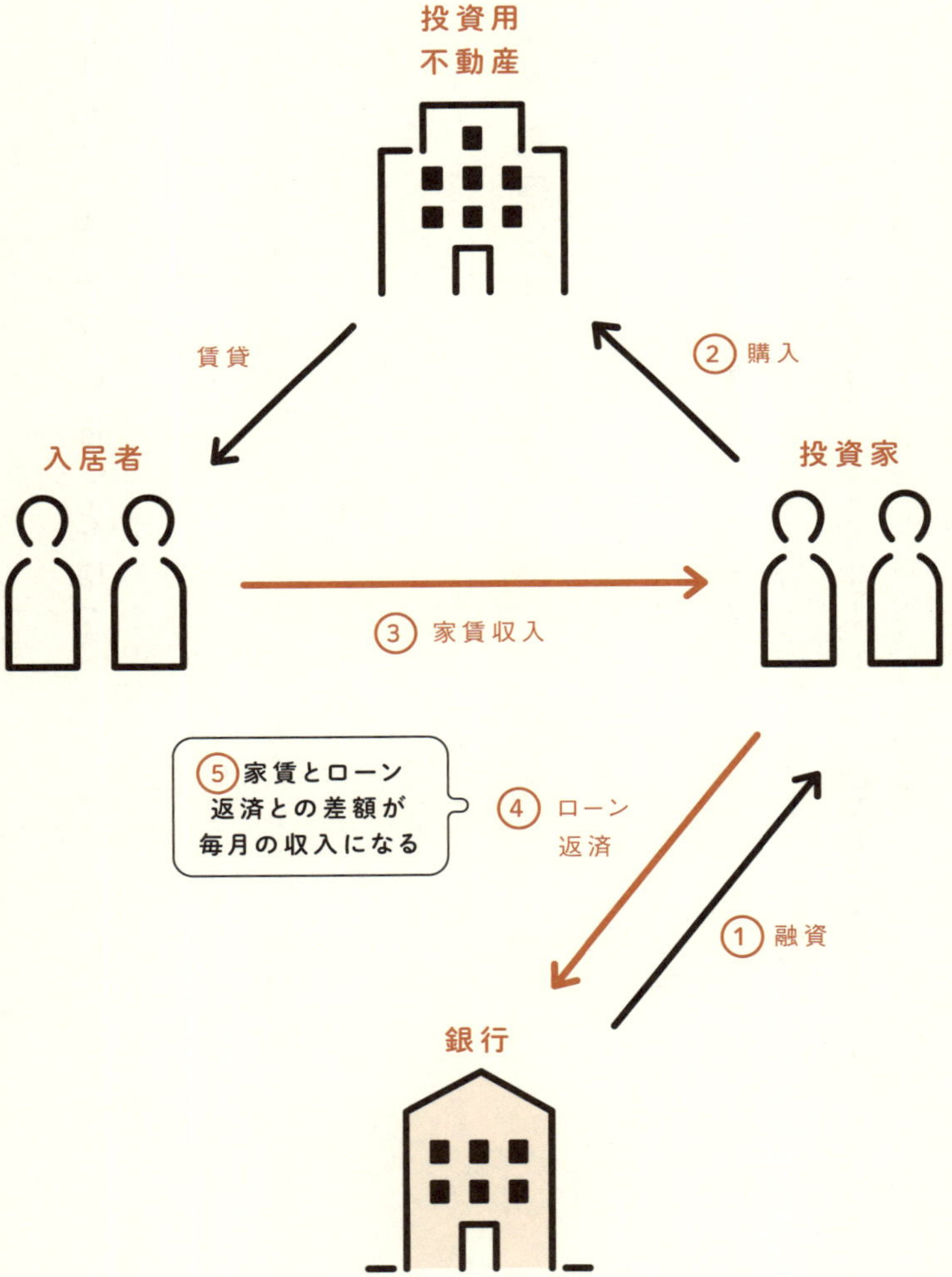
投資用
不動産
賃貸
②購入
入居者
投資家
③家賃収入
⑤家賃とローン
返済との差額が
毎月の収入になる
④ローン
返済
①融資
銀行

不動産投資は、**「賃料収入」という安定的なリターンが大きく、**ほかの金融商品にはない魅力を備えた資産形成の手段です。

「専門的で難しそう……」「初期費用が高額なのでは？」という先入観やハードルの高さを感じてためらう人も少なくありません。でも、上手に運用できれば大きな利益や定期的な収入を得ることができて、余裕ある生活を送れるようになります。

146ページの図に沿って、不動産投資の一般的なお金の流れを解説します。

① 金融機関からお金を借ります（不動産は、数百万円から数億円という非常に高額な資金を必要とするため、投資家は金融機関からお金を借りて［ローンを組んで］不動産を購入することが一般的です）。

② 金融機関から借りた資金と少しの自己資金で、対象となる不動産を購入します。

③ 投資家は、対象不動産の入居者から家賃収入を得ます。

④　家賃収入から、金融機関に借りた元本や利子を返済したり、リフォームなどを含めて不動産を維持・修繕したり、管理会社に入居者の連絡窓口になってもらう場合など、さまざまなコストを支払います。

⑤　③から④を差し引いた金額が、投資家の手元に入る保有期間中の利益となります。

不動産投資のコストは？

不動産投資で資産運用を行う場合には、**購入時、保有時、売却時にそれぞれ諸費用が発生します。**

それぞれのケースで説明していきましょう。

① 購入時の諸費用

・仲介手数料

不動産の購入時に不動産仲介業者に支払う手数料です。一般的に購入金額の約3％です。

・印紙税

不動産を購入する売買契約書を交わす際に発生する税金であり、売買金額によって納税額が変わりますが、数千円～数万円ほどです。

・登録諸費用

不動産を購入した際に発生する税金の1つであり、**不動産を登記する（権利者を移転する）ことによって課税**される費用です。一般的に購入金額の2～3％程度です。

司法書士に依頼するのが一般的で、登録免許税と司法書士手数料の2つの合計金額です。

・**融資諸費用**

融資を利用する際にかかる費用です。金融機関によって異なります。

・**不動産取得税**

不動産を取得したときに支払う税金であり、購入した不動産の固定資産税評価額に対して4％程度の税率が課せられます。

これらのコストをすべて合算すると、**物件価格に対して10％前後のコストとなることが一般的**で、全額融資を利用する場合でも、購入時の諸費用は自己資金が必要となる場合が多くなります。つまり、1億円のアパートを購入しようとした場合、1000万円以上の諸費用が自己資金として発生すると考えておきましょう。

❷ 保有時の諸費用

・**返済利子**

金融機関からお金を借りることにより、毎月の返済時に支払う利子のことです。

・維持・修繕費用（マンション管理費、修繕積立金）

メンテナンスや修繕も管理組合が行うことになりますが、一般的に実際の作業はマンションの管理会社に委託して実施します。

このための費用が**「マンション管理費」**となります。また、将来の修繕のために管理組合で定期的にお金を積み立てる費用のことを**「修繕積立金」**といいます。

これらは**主に、区分マンションを保有している場合に支払います。**区分マンションの場合、共用部の修繕が必要になると、この修繕積立金から支払うことが一般的です。また、一棟アパートの場合、毎月定期的な費用は発生しませんが、修繕が発生した場合に、その都度修繕費用が発生します。

・賃貸委託管理費

入居者の募集、家賃の集金、滞納者への督促、入居者からの要望への対応などの「賃貸管理」をしてもらうために、管理会社に支払う費用のことです。

マンション管理費は、マンション全体の管理をしてもらうためにマンションの管理組合に納めるものですが、この賃貸委託管理費は、賃貸入居者を管理するためにオーナー自身が管理会社と契約して支払います。

・固定資産税、都市計画税

「固定資産税」とは、不動産を所有している人に対し、不動産の所在地を管轄する市区町村が課税する税金です。

・その他諸費用

そのほか、火災保険や入居者が退去した際のリフォーム費用、その他の修繕が発生した際の費用などを指します。

これらのコストを合計すると、**家賃収入に対して10～30%くらいかかることが一般的**です。規模が大きい不動産ほど収入に対する経費割合は少なく、規模が小さいほど経費割合が大きくなる傾向があります。

1億円のアパートで年間家賃収入が1000万円くらい見込める場合は、100万～

300万円くらいの諸費用が発生すると考えておきましょう。

・所得税・住民税

株式や債券の場合には、年間利益に対して約20％を支払うだけというシンプルな税金の支払い方（分離課税）ですが、**不動産の場合は、少しだけ複雑**です。

1年間の家賃収入から、1年間にかかった経費を引いた額が不動産所得（利益）となり、その不動産所得と本業などから得られる給与所得を合算して、税率と税額が決まる方式（総合課税）です。

日本の所得税の仕組みは、所得が高いほど税率が高まるため、高所得者のほうが所得税コストは増加します。ただ、高所得者のほうが融資の利息（返済利子）が低くなるので、必ずしも高所得者のほうが支出が増えるとは限りません。

（・返済元金）

借りているお金を返すだけなので、諸費用（経費）ではありませんが、毎月支払いが発生するお金として**「返済元金」**があります。

融資の借り入れ条件（特に返済期間）によって、金額が大きく変わるので一概にいくらとはいえませんが、**家賃収入に対して50％以下にすることが望ましい**でしょう。

ＰＡＲＴ１でお話ししたとおり、ここに借り手としての信用力の違いが出てきます。

ここでいったん、１４６ページの不動産投資のお金の流れに合わせて整理してみましょう。

購入時と保有時のコストをまとめると、年間家賃収入が１０００万円見込める１億円のアパートを購入する場合、次のようなイメージを持つことができます。

① １億円を金融機関から融資を受けて借りて、

② １０００万円の自己資金で購入時の諸費用を支払って、対象となる不動産を購入し、

③　入居者からの家賃収入として、毎年1000万円を得て、
④　毎年かかる諸費用として300万円、元本返済として500万円、そこからさらに所得税などを支払い、
⑤　③から④を差し引いた200万円が、毎年投資家の手元に利益として残る

この場合、最初に1000万円を支払っているので、**毎年200万円の利益が発生するのなら、5年間で投資資金を回収できる**ということになります。

3　売却時の諸費用

・仲介手数料

不動産の売却時に、不動産仲介業者に支払う手数料です。

・印紙税

不動産を売却する売買契約書を交わす際に発生する税金。売却金額によって納税する金額が変わります。

・ローンを一括返済するための費用

売却する不動産を購入したときに金融機関からお金を借りていて残債がある場合は、売却時に一括で完済しなければなりません（対象不動産を担保としている場合）。このとき、金融機関に対して一括で繰り上げ返済するために必要な手数料です。

・抵当権抹消のための費用

金融機関から融資を受けている場合、たいていは購入した不動産を担保として抵当権を設定します（購入時に登録免許税として支払っています）。売却時には、融資額を全額返済しなければならないので、抵当権も抹消する必要があります。その際にかかる費用のことです。

・融資諸費用

融資を利用する際にかかる費用。金融機関や融資金額によって変わります。

・その他費用

そのほかにも、売却時には引っ越し費用、リフォーム・ハウスクリーニング費用、解体費用などが発生する場合があります。

ローンの残金一括返済とは別に、これらのコストは**物件の売却価格に対して5％前後となるのが一般的**です。つまり、1億円でアパートを売却しようとした場合、500万円前後の諸費用が発生すると考えておきましょう。

売却価格から購入時の物件価格、諸費用、売却時の諸費用をすべて差し引いた額が、不動産を売却したことにより発生する売却益（譲渡益）となります。

4 税金

先述のとおり、不動産投資では、「取得時→保有時→売却時」という3つの局面で、それぞれにさまざまな税金が発生します。

印紙税、登録免許税、保有時の利益に対する課税、売却益に対する課税などをしっかり理解しておきましょう。

・**売却益に対する課税**

不動産を売却して**売却益が出た場合に、確定申告で支払う必要がある税金**です。不動産を保有していた期間が5年以下なら約40%、5年超なら約20%が課税されます。

不動産は、ほかの資産運用商品に比べて、運用する場合のコストが複雑ですが、どの諸費用に関しても、不動産投資の仕組みが理解できれば難しいことはありません。

これらのコストについて理解していれば、不動産を購入する前にある程度試算できるようになります。つまり、**購入時点である程度の収益がすべて計算できる**ということなのです。

シミュレーションツールなどを使って試算すれば、購入後の計算がしやすく、計画的な資産運用が可能となります。

不動産投資のメリットは？

- 銀行からお金を借りる（ローンを組む）ことにより、自己資金以上の不動産を購入することができる（レバレッジ効果）
- 安定した家賃収入を得られる
- 売却益を得られる（安く購入した物件を高く売却した場合）
- 保険代わりになる（銀行でローンを組む際に団体信用生命保険に加入し、加入者に万一のことがあればローンはすべて保険金で返済される）
- 節税効果がある（所得税や住民税など）

不動産以外の資産運用方法が、「安く買って、高く売る」という売却益（キャピタルゲイン）狙いの投資スタイルが基本であるのに対し、不動産投資は、入居者さえいれば、**保有**

時にはほぼ何もすることなく、毎月、安定的な家賃収入を得られる（インカムゲイン）のが最も大きな魅力です。

不動産投資は数ある資産運用のなかでも、最も古くから存在する方法です。**これから先、数十年というスパンで、安定した運用で大きな資産を築きたい人にはおすすめ**の資産運用法といえます。

なかでも、**「節税効果がある」**のは見逃せないポイントです。

153ページでお伝えしたとおり、不動産投資による所得は、本業から得られる給与所得と合算した額で総合課税されます。

不動産所得が赤字の場合、給与所得などの収入と合算すると総合的に所得が減ることから、確定申告することで給与から天引きされた税金の一部が還付されます。

つまり、**不動産所得の赤字を給与所得と合算する（これを「損益通算」といいます）ことによって、総所得が少なくなり、1年間の所得税、住民税を節税できる**のです。

不動産投資のデメリットは？

1 金利上昇リスク

金融機関から融資を受けている間に、経済情勢が変化すれば金利が上昇する可能性があります。

2 家賃下落リスク

基本的に安定していて変動は少ないですが、家賃相場が下がることにより家賃収入が減る可能性があります。

3 不動産を人に貸すことで発生する運用リスク

入居者が見つからず空室が続いたり、入居者に家賃を支払ってもらえない家賃滞納の可能性があります。

④ 建物損壊に対するリスク

地震や火事が起きた場合や、建物の修繕、故障した設備の交換に大きな費用が発生する可能性もあります。

⑤ 流動性リスク

不動産は大きな買い物なので、売りたいときにすぐに買い手がつくとは限りません。買い手が見つかっても、実際に売却してお金を支払ってもらうまでは、一般的には1か月くらいの時間がかかります。

不動産投資は通常、何年も不動産を保有することで、保有中の家賃収入を利益として積み重ねていくというものです。しかし、その間に経済情勢が変わって金利が変わる場合もあれば、入居者が問題を起こしたり、最悪、夜逃げしてしまったり、地震や火事などの災害にあったりと、予期せぬリスクは挙げればきりがないものです。

とはいえ、1つひとつのリスクにも、それぞれ対処法があります。**その最大の対処法**

は、やはり知識と経験です。知識と経験を積み重ねた投資家こそ、不動産投資による大きなリターンを得ているといえるでしょう。

基本的な資産運用法と目指せる成果は?

不動産投資は、最初の1軒を購入するだけでも、非常に大きなお金を動かすことになります。そのため、得られる利益額も大きくしやすい手法です。

まずは、不動産投資におけるお金の流れをしっかりと理解し、**諸費用を差し引いても利益を出せる物件を購入することがはじめの一歩**です。

最初に目指したい成果としては、**投資資金に対して、10%以上の安定的な利益が出せる**(例:1000万円分の自己資金を使っている場合、毎年100万円以上の利益を出す)**ようになっていれば十分だといえるでしょう。**

column

「借り入れ＝悪」ではない！ 高額物件購入で高利回りの家賃収入を実現

お金を増やすうえでメリットが多い不動産投資ですが、「融資を受ける＝借金をすることに抵抗がある」という理由で敬遠する人もいます。不動産は低価格でも1000万円以上はかかる物件が多いため、銀行でローンを組んで借り入れする（融資を受ける）ことが一般的です。

ですが、借り入れをすることは、本当に避けるべきことなのでしょうか？

たとえば、1000万円の資金を持っていたとして、借金をすることに抵抗があるために、融資を受けないで約1000万円の不動産を購入した場合は、どのようになるでしょうか？

もう一度、１４６ページの不動産投資のお金の流れに合わせて見てみましょう。

①　金融機関からはお金を借りずに、

②　９００万円の物件を、購入時の諸費用として10％の90万円を支払って合計９９０万円で不動産を購入し、

③　入居者からの家賃収入として、毎年約80万円を得て、

④　保有中にかかる諸費用として家賃収入の30％である24万円と、所得税などの税金を支払い、

⑤　③から④を差し引いた約50万円が、投資家の手元に残る年間利益となります。

１５５ページでお伝えしたように、１億円融資を受けた場合だと約２００万円、現金で購入した場合だと約50万円が、それぞれ毎年の利益とすると、どちらの方法がいいかは一目瞭然です。

さらには、不動産による収益を増やすために同じような物件をもう一度購入したいと考えたとき、融資を受けていれば5年後には１０００万円が回収できるのに対し、現金で購入していたら、１０００万円を回収するのに20年前後もの歳月が必要となるのです。

これが、**「不動産のレバレッジ効果」**です。つまり、**融資（ローン）を活用して、小さい資金で大きなリターンを得ることができるのです。**

4

商品（コモディティ）

ざっくり解説

エネルギー、
貴金属、農産物
など。
ハイリスク・
ハイリターンなの
で、上級者向け

［難易度］
★★★★★

［リターン度］
30～200％

［リスク度］
★★★★★

［ボラティリティ度］
（値動きの幅）
★★★★★

そもそも、「商品」（コモディティ）とは？

「商品」とは、原油や天然ガスなどのエネルギー類、金《きん》やプラチナなどの貴金属類、トウモロコシや大豆などの農産物類のことを指し、「商品」を投資対象とする取引を**「商品取引」**といいます。別名、**「コモディティ取引」**とも呼ばれます。

「商品取引」とは？

商品取引は、大きく**「現物取引」**と**「先物取引」**の2種類に分けられます。

ふだん、私たちが何かモノを購入する際には、商品の代金（数量×単価）を支払い、引き換えにその商品を受け取ります。このような取引が「現物取引」です。

日常生活でも行っている取引ですが、資産運用における「現物取引」は、金の延べ棒を購入するイメージだと考えれば想像しやすいのではないでしょうか。

商品先物取引の仕組み

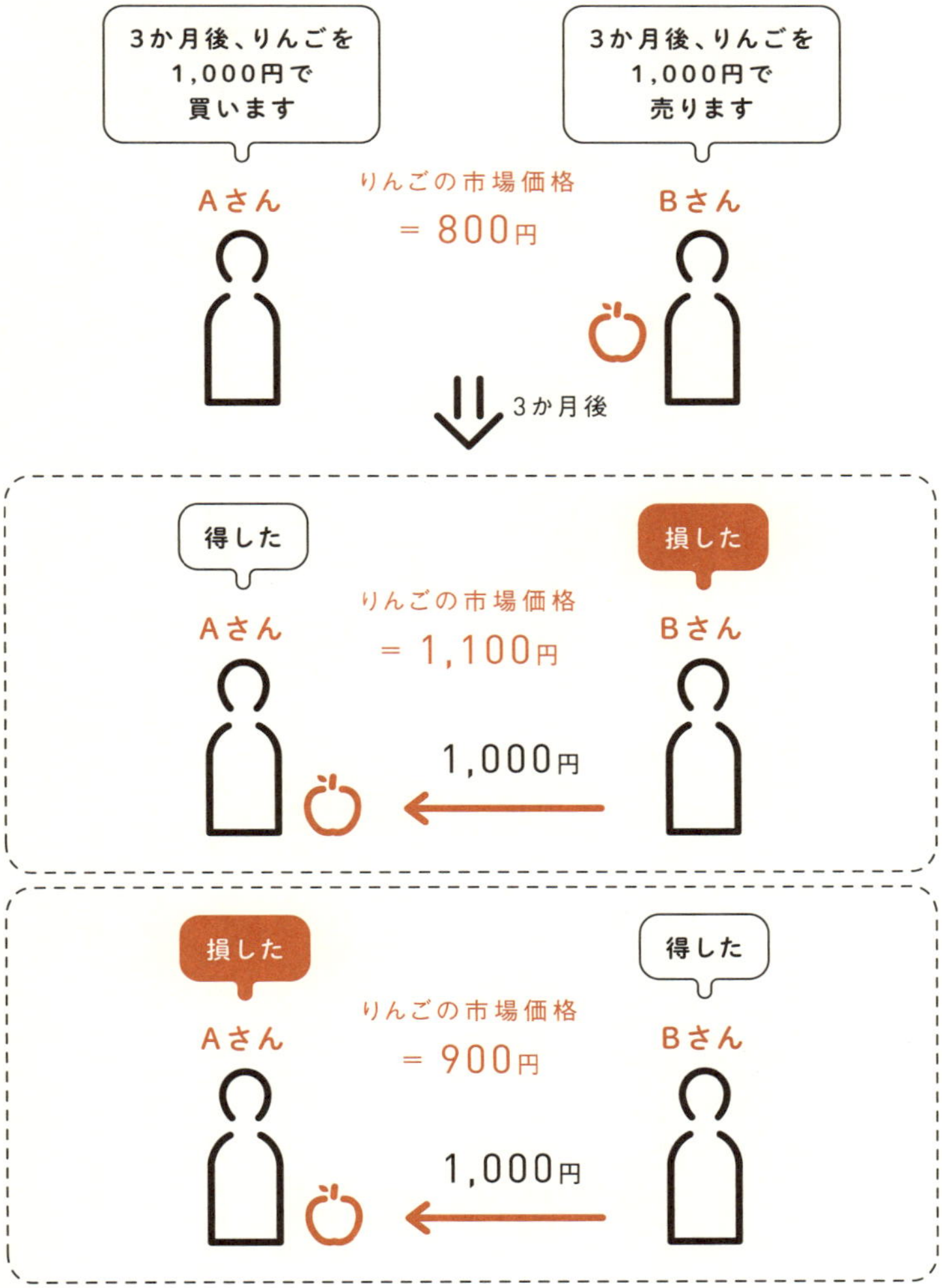
3か月後、りんごを
1,000円で
買います
3か月後、りんごを
1,000円で
売ります
Aさん
りんごの市場価格
＝800円
Bさん
3か月後
得した
損した
りんごの市場価格
＝1,100円
Aさん
Bさん
1,000円
損した
得した
りんごの市場価格
＝900円
Aさん
Bさん
1,000円

これに対して、「先物取引」とは、将来のあらかじめ定められた期日に、特定の商品（原資産）を、**現時点で取り決めた価格（先物相場価格）で売買することを約束する取引**です。

一般的に、**資産運用としていわれる商品取引とは、この「商品先物取引」のことを指します。**

この商品取引は、これまでにお伝えした株式や債券とは異なる4つの大きな特徴があります。

❶「買い」「売り」のどちらからでも取引可能

現時点で取り決めた価格で売買することを約束する取引なので、買うという注文も売るという注文も、どちらでもできます。

つまり、**値上がりしても値下がりしても、利益を得るチャンスがある**ということです。

❷ 売買期間が決められている

先物取引の場合は、買いや売りで注文した商品を、特定の期日（注文時に決めた将来の、あらかじめ定めた期日）までに決済しなければなりません。

通常の投資では、一般的にその金融商品を購入してから、期間を区切らずに保有できます。たとえば、株価や不動産の価値が下がった場合なら、元の価値に戻るまで売却せずに待つことができます。

しかし、**先物取引では取引期間が決められている**ため、仮にその時点で決済すると損失が出てしまう場合でも、期限が来たら取引を終了する必要があります。

③ 証拠金取引が基本

先物取引を行う場合、取引をするための口座に**「証拠金」**という資金を入れておく必要があります。これは担保のようなものです。

株式投資の場合には、購入したい銘柄の購入株数の全額を口座に入れなければ取引できません（信用取引は除きます）が、先物取引の場合には、**取引価格の一部（5～10％程度）を証拠金として入れておくだけで取引ができます。**

4 差金決済が行える

資産運用として商品先物取引を行う場合、特定の期日まで決済しないということは、ほぼありません。商品先物取引を行うのは、**価格変動を予測してその差益を得ることが目的**であって、未来にその商品をその価格で購入したいわけではないからです。

そのため、約束した特定の期日の前に、注文時の価格と現在の価格との差額の受け払いによって取引を終了させてしまうのが一般的です。

たとえば、商品先物取引で金を買っていた場合、期日が来る前に、「反対売買」といって、その金を売ることで取引を終了させるようなイメージです（これを**「差金決済」**といいます）。

取引期限まで持ち越して実際に商品を購入するのは、商社などをイメージするとわかりやすいでしょう。未来に商品を受け取る価格が、現時点で決まっているので、将来の相場変動のリスクヘッジにもなるのです。

商品先物投資のコストは？

商品先物取引を行うには、大きく分けて2種類の投資コストが発生します。

1つは、商品先物取引業者に支払う取引手数料、もう1つは税金です（期日を迎えて実際に商品を購入する場合は、輸送費などが発生しますが、ここでは割愛します）。

商品投資の利益は、これらのコストを差し引いた金額になります。

①商品先物取引業者の取引手数料

実際の商品の取引は、商品取引所で行われます。ですが、その商品取引所と一般の投資家が直接取引することはできないので、その売買を商品先物取引業者に依頼する形となり、その取引手数料として発生します。

取引手数料は、取引量、期間によって異なりますが、最小取引単位で1回の取引にかかるコストは100〜1000円くらいが相場です。**取引業者によっても違いがある**ので、取引を行う際は取引業者の比較検討をしておきましょう。

2 税金

商品先物投資の場合、商品を差金決済した場合しか利益は生まれません。その年の1月1日から12月31日までに発生した利益から、取引手数料などを差し引いた金額に対して約20%課税されます。

この場合には、**確定申告による納税義務が生じます。**

商品先物投資のメリットは？

- 少ない資金でも大きな取引ができる
- 短期間で大きな利益を得られる

❶ 少ない資金でも大きな取引ができる

商品先物取引で必要となるのは、**総取引金額の数%程度の証拠金だけ。**少ない資金で大きな取引を行える点は、商品先物取引のメリットといえます。

当然ながら、**総取引金額が大きくなると利益も大きくなります（損失も同様です）。**この点も、商品先物取引のメリットといえるでしょう。

具体的には、投資家が買いたいと思っている商品の金額の5～10%程度の証拠金を入れておけば、買いたいと思っている金額分だけ取引をすることが可能となります（証拠金の最低金額は商品や時期によって異なります）。

❷ 短期間で大きな利益を得られる

商品取引所には、特徴の異なるさまざまな銘柄（商品）が上場されています。銘柄によっては、短期間で大きく値動きするものもあります。

価格変動が激しい銘柄の代表として挙げられるのが、**原油**や**ガソリン**です。これらの値動きを読めば、短期間で大きな利益を上げられることがあります。

このように、短期間で大きく儲けられる可能性がある点も、商品先物取引のメリットとして挙げられるでしょう。

商品先物投資のデメリットは？

❶ 価格変動リスクがある

商品先物相場はつねに変動します。この価格変動を利用してうまく売買できれば売却益が期待できますが、逆に大きな損失を出す可能性もあります。

❷ 取引単位が大きい

商品先物取引では、商品ごとに最低取引単位があらかじめ決められています。金を1gだけ取引するということはできません。金であれば、最低でも1kg、原油なら50kℓという単位で購入、または売却しなければならないのです。

なお、一部の商品（金やプラチナなど）に関しては、**「先物ミニ」**といって取引単位が10分の1や5分の1で売買できる商品もあります。それでも、金の取引単位は100gとなります。

たとえば、「金1gあたり5000円」のときの最低売買単位はいくらになるかを計算してみると、

5000円×1000g＝500万円

「先物ミニ」で取引単位が10分の1であっても、5000円×100g＝50万円、となります。

なお、2019年9月末現在、東京商品取引所で金を1kg購入する場合には、約10万円の証拠金を預ければ可能です。

③ ハイリスク、ハイリターン

先述の金の取引例では、価格がたった100円上がっただけで、実に10万円もの利益が生まれます。証拠金は約10万円なので、運用資金がほぼ2倍に膨らんだ計算となります。

もちろん、価格が200円上がれば利益は20万円。商品先物市場における金価格は、数か月で400~500円くらい変動することも珍しくないので、**大きな利益も、逆をいえば大きな損失も出やすい**ものです。

金の値動き幅（ボラティリティ）は、商品市場全体のなかでは穏やかなほうです。原油など、よりボラティリティが大きい商品を取引対象にすれば、さらに大きな損益となります。

株式投資の場合は、100万円の投資金額に対して最大で100万円までしか損失はありませんが、商品先物取引の場合には、100万円の投資金額に対して200万円にも300万円にも損失が膨らんでしまうことがあるということです。

自分が投資した上場会社が倒産する確率と、自分が投資した商品が数百円ほど予想とは逆の値動きをする確率、どちらが確率が高い＝リスクが高いかは想像しやすいのではないでしょうか？

もちろん、知識や経験を身につけることで、ある程度のリスクの軽減はできます。しかし、**未来の価格変動に絶対というものはありません。**

商品先物取引は、その特性上、**まさに「ハイリスク、ハイリターンな資産運用」**といえるのです。

基本的な資産運用法と目指せる成果は？

商品先物取引はその特性上、**リスクを取ってでもスピードある積極的な資産形成を考えている人には最適な資産運用**ともいえます。

うまく運用できれば、1年で資産を10倍以上にすることも可能でしょう。

しかし、**つねに予測が当たるとは限らず、予測が外れたときの損失も大きい**ので、資産運用の初心者が手を出すのは、かなりハードルが高いかもしれません。

証拠金取引、レバレッジなど特徴が似ている資産運用方法としては、このあと紹介する**「外貨投資」（ＦＸ）**があります。なので、まずはそこで取引の仕組みを知り、安定的な利益を上げられるようになってからチャレンジしてみてもいいかもしれません。

5 投資信託

ざっくり解説

金融商品の
「福袋セット」！
運用はプロに
おまかせしたい人
向け

［難易度］
★★

［リターン度］
1～5％

［リスク度］
★★

［ボラティリティ度］
（値動きの幅）
★★

ここまで、「株式」「債券」「不動産」、そして「商品」（コモディティ）について解説してきました。

114ページの表で、株式、債券（不動産、商品）の下段の項目に**「投資信託」**とあるのに気づかれたでしょうか？　これは、それぞれの資産を「投資信託」という手段によって運用することもできるということを意味しています。

このようにお伝えすると、「個別の資産運用方法でも複雑で理解できないのに、それらがミックスされているなんて無理！」と拒否反応を示す人もいるかもしれません。

しかし、実は**ミックスされた金融商品であるがゆえの、多くのメリットがある**のです。

まずは、これから説明する投資信託の仕組みを理解したうえで判断してみましょう。

そもそも、「投資信託」とは？

たくさんの投資家から集められたお金を一つにまとめ、運用の専門家が運用し、その成果を分配金として投資家に還元する仕組みの金融商品を指します。

投資信託は、株式、債券、不動産、商品などの金融商品がミックスされた金融商品、いわゆる**「福袋セット」**みたいなものです。投資信託のことを**「投信」「ファンド」**ともいい、運用の専門家のことを**「ファンドマネージャー」**といいます。

そして、上場している投資信託を**「ETF」**といいます。さらに、オフィスビルやマンションなどの不動産で構成され、そこからの賃料収入や売却益を投資家に分配する不動産投資信託を**「REIT（リート）」**といい、日本で上場している不動産投資信託を**「J-REIT」**といいます。

「投資信託で運用する」って、どういうこと？

投資家が、投資信託という「金融商品の福袋」を購入することで、その商品にはたくさんのお金が集められます。

その中身である個別の金融商品の売買（運用）はプロであるファンドマネージャーに任

投資信託の仕組み

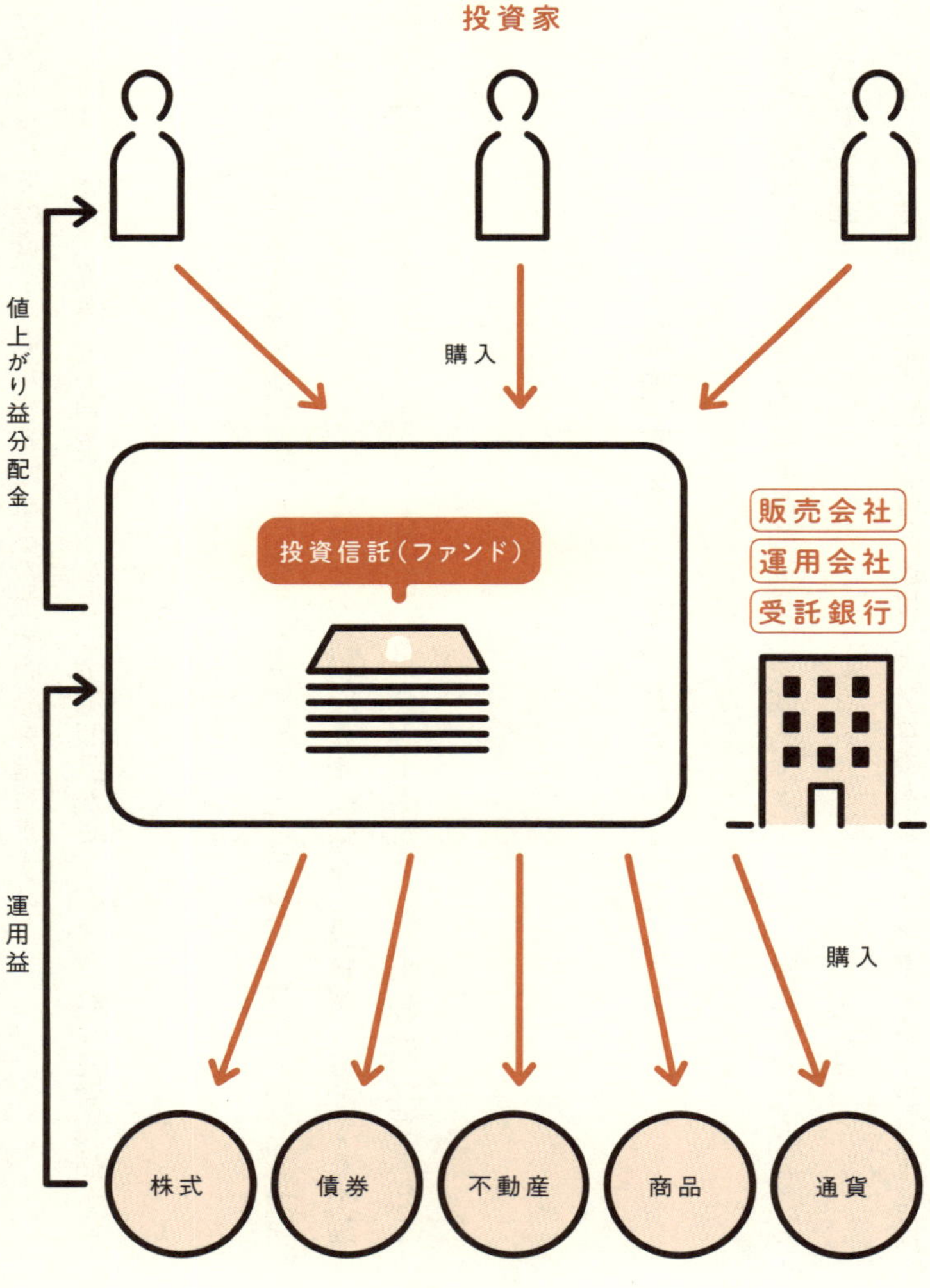

せてしまうので、投資家の視点で見ると、**投資信託の購入後は基本的には何もしなくてよくて、運用自体はプロが行ってくれる**ということになります。

投資信託の中身の金融商品の価値が上がれば、その投資信託は値上がりし、下がれば値下がりします。利益が出れば、分配金を受け取ることもできます。

2019年現在、国内で販売されている投資信託の数は、実に6000種類以上あります。国内株式のみで運用している商品もあれば、外国株式のみで運用している商品もあります。

国内株式の自動車関連の株式のみ、原油などの商品先物のみ、株式と債券のミックス商品、不動産も加えたミックス商品、アジアなどの地域を絞った株式のみなど、6000種類の投資信託の中身は多種多様です。

それぞれの投資信託には、**「目論見書《もくろみしょ》」**という商品説明書がついています。この目論見書を確認すると、その投資信託はどういう金融商品で構成されていて、ファンドマネージャーがどのような目的で運用していくかという運用方針などがわかります。

そのほか、運用にかかる手数料やこれまでの運用実績など、投資判断に必要な重要事項を説明しています。なので、**この目論見書を確認すれば、どの投資信託を購入するべきか判断できるようになります。**

投資信託のコストは？

投資信託で資産運用する際の主なコストは、次の４つです。

プロに運用を任せるため、株式や債券などの個別の金融商品を運用することに比べると、**運用するためのコストが高くなってしまう傾向があります。**購入前によく確認しておくことをおすすめします。

1 購入時：販売手数料

銀行や証券会社など、投資信託を販売している会社に支払う手数料です。購入額に対して0・5～3％が一般的ですが、まったくかからないものもあります（「ノーロード」と呼ばれています）。

ネット証券など無店舗型の証券会社が普及したことで、販売手数料が0％の「ノーロード」の商品は増えてきています。

② 保有時：信託報酬（運用管理費用）

投資信託を保有している期間、毎日一定割合で運用に対して「信託報酬」というコストがかかります。先述のとおり、運用自体はプロにお願いしているため、**「運用のプロにお願いするための費用」**ととらえておきましょう。

投資信託の種類によって信託報酬は異なりますが、年間0・5～3％程度が一般的です。新興国の株式など個人投資家が扱いづらい商品で構成される投資信託や、「アクティブファンド」と呼ばれるファンドマネージャーが詳細に分析して投資を行うタイプの投資信託は、信託報酬が高めに設定されることが多いです。

③ 解約時：信託財産留保額

投資信託によっては、解約時に手数料がかかるものがあります。

3つの手数料のなかで特に気をつけたいのが「信託報酬」です。販売手数料や信託財産留保額が、購入時と解約時にそれぞれ1回だけ支払う手数料なのに対し、**信託報酬は保有している間、ずっと支払わなければならない**ので注意が必要です。

仮に購入した投資信託自体が4％の利回りだったとしても、信託報酬で3％を支払ったら、1％の利回りの投資信託と同じになってしまいます。**プロにお願いすれば必ず大きな利益を出してくれるというわけではない**ので、その点はぜひ踏まえておきましょう。

4 税金

投資信託にかかる税金には、大きく分けて**「キャピタルゲイン課税」**と**「分配金課税」**の2種類があります。

「キャピタルゲイン課税」は、投資信託を売買して売却益を得たときにかかる税金のことです。その年の1月1日から12月31日までに発生した売却益から、手数料などを差し引いた金額に対して約20％かかります。

「分配金課税」は、分配金を受け取ったときにかかる税金のこと。こちらも、約20％の税金を天引きされます。

税金に関しては、**毎年120万円分の取引を上限とした「少額投資非課税制度」(NISA)**があるので、有効活用することをおすすめします(NISAに関しては、226ページでくわしく解説します)。

投資信託のメリットは?

・プロに運用を任せることができる(プロであるファンドマネージャーがリスクを管理)
・少額の資金で購入できる(100円、1000円といった少額からスタート可能)
・個別では購入できないような多数の金融商品に投資することができるので、少額でもリスク分散ができる

投資信託の最大の魅力は、少ない資金で幅広い取引ができ、かつ、運用はプロに任せておくことができるということでしょう。

投資信託を利用せずに、A社とB社の株式、C社の債券、不動産、小麦の商品先物を購入しようとすれば、それは数百万円~数千万円という資金がなければできないでしょう。そして、値上がり益を踏まえた売買タイミングの見極めなども、すべて自分で行わなければなりません。

もちろん、資産運用である以上、運用している金融商品の特性を理解しておくことは大切ですが、**限られた資金を有効活用しながら分散投資を行うには最適な資産運用法**といえます。

投資信託のデメリットは?

主なデメリットとしては、次のようなものがあります。投資信託の中身は、今まで個別にお伝えしたような金融商品なので、それらと同じようなリスクを有していると理解するといいでしょう。

たとえば、投資信託の中身が債券だけであれば、債券投資のデメリットと同じということです。

❶ 価格変動リスク

投資信託が組み入れている株式や債券の価格が変動する可能性のことです。最終的には、市場における需給によって決まりますが、一般的には**国内および海外の政治・経済情勢、企業の業績などの影響を受けます。**

❷ 為替変動リスク

為替レートが変動する可能性のことです。外国通貨建ての資産に投資する投資信託の場合、一般的には**円高になれば基準価額にマイナス、円安ならプラスの影響があります。**

外国の株式や債券で運用する投資信託には、基本的に為替変動リスクがあると考えていいでしょう。

基本的な資産運用法と目指せる成果は？

まずは、投資信託の商品説明書である**「目論見書」の内容をしっかり理解し、自分の資産運用方針に近い金融商品・運用方針のものを選べるようになりましょう。**それが選択できれば、**時間を分散しながら積立購入していくことをおすすめします。**

投資信託はその性質上、株式や商品取引と異なり、**日々の商品価格推移をチェックしなければならないものではありません。**数か月おきに資産の推移を確認しながら、その商品を保有しつづけるか、別の商品に切り替えるか考えて、保有割合を変えていくのがいいでしょう。

もともと分散性が高い商品なので、市場全体に大きな変動がない限り、大きな値上がりは見込めませんが、**まずは続けることです。**

そのうえで、コストを差し引いて、**5%以上の年間利回りを継続できれば十分な成果**といえるでしょう。

6 現預金（為替）

ざっくり解説

「財形貯蓄」、
「貯蓄型保険」、
「FX」（外国為替証拠金取引）など。
「FX」は、リスクを取ってでもスピードある資産形成を考えている人向け

［難易度］
★★★

［リターン度］
10〜30％

［リスク度］
★★★

［ボラティリティ度］
（値動きの幅）
★★

「現預金」（為替）には、さまざまな種類の資産運用方法があります。ここでは、資産運用性の高い「FX」についてくわしく解説していきます。

特にFXの基礎となる「為替」は、株式、債券、商品、投資信託など、外貨建ての金融商品で資産運用する場合などにも広く通じる知識となるので、ここでしっかり理解しておきましょう。

ここには多くの方法が分類されますので、まずは種類から説明していきましょう。

そもそも、「現預金」とは？

現金、普通預金や定期預金などが該当します。銀行に預けることで「**利子**」という利益を得ていますが、2019年現在、日本は**過去に類を見ないほどの低金利。**定期預金（1年）では、ほとんどの金融機関で0・01%くらいの金利が基本となっています。

もし仮に定期預金で100万円を預けても、1年後に100円しか増えないということです。先述のとおり、この利子に対しても約20％の税金が発生します。

ちなみに、各個人の金融資産の内訳は、日本と海外とで大きく異なります。日本の現預金の比率が5割超なのに対し、米国は1割強、欧州が3割強となっています。

・「財形貯蓄（制度）」とは？

会社が毎月の給与から一定額を天引きして金融機関に送金を行うという、**会社を通して貯蓄を行う制度です。**勤めている会社がこの制度を導入していなければ、利用することはできません。財形貯蓄には、貯蓄の目的に応じて3つの種類があります。

先述のように、通常の銀行預金であればその利子は課税対象となりますが、**財形住宅貯蓄や財形年金貯蓄は一定額の元本にかかる利子が非課税となります。**

積極的な資産運用ではありませんが、**貯金が苦手な人、この制度を利用して融資を受けたい人にはおすすめ**の方法です。

・「貯蓄型保険」とは？

貯蓄型保険とは、**万が一のときに備えながら、将来のための貯蓄ができる保険**のことをいいます。

亡くなったときに保険金を受けることもできますし、満期時や解約時に満期保険金・解約返戻金としてお金を受け取れるという貯蓄の側面を持っています。

満期時に掛け金とまったく同じ金額が受け取れる商品だけでなく、外貨建てなど資産運用性がある商品もあり、貯蓄型保険で資産運用を行う人もいます。

代表例としては、**終身保険、養老保険、学資保険、個人年金保険**などが挙げられます。

・「外貨預金」とは？

日本円ではなく、外国の通貨（ドル・ユーロなど）で預金することです。預ける通貨が違うだけで、基本的な仕組みは円預金とほぼ同じです。

一般的に、**外国の通貨のほうが、日本円よりも金利が高い傾向があり、**多くの金利（利息）をもらうことができます。ただし、円を外貨に替えるときの為替手数料がかかったり、つねに為替レートが動いているので、**預金といっても元本割れのリスクがあります。**

・「ＦＸ」（外国為替証拠金取引）とは？

基本的には、「外貨預金」ではなく、**「外貨両替の延長」**ととらえましょう。ちなみに、「外国為替」とは二国間の通貨を交換することで、「外国為替の証拠金取引」とは二国間の通貨を、証拠金を預けて取引（交換）することをいいます。

「商品先物取引」と同様、**少ないお金で大きな取引を行うことができます。**

「1ドル○円」など、外国（外貨）為替の交換比率を**「為替相場」「為替レート」**と呼びます。

たとえば、日本からアメリカに旅行するときは、円をドルに交換します。これは、**円でドルを買う**ことを意味します。逆に、ドルを円に換える場合は、ドルで円を買うことになるわけです。

外国為替の取引は、外国為替市場で行われます。銀行どうしがやり取りする「インターバンク市場」や、銀行が個人や会社とやり取りする「対顧客市場」があり、これらはまとめて**「外国為替市場」**と呼ばれています。

「円安」「円高」といった言葉があるように、通貨自体の交換比率は日々変化していま

外国為替市場のイメージ

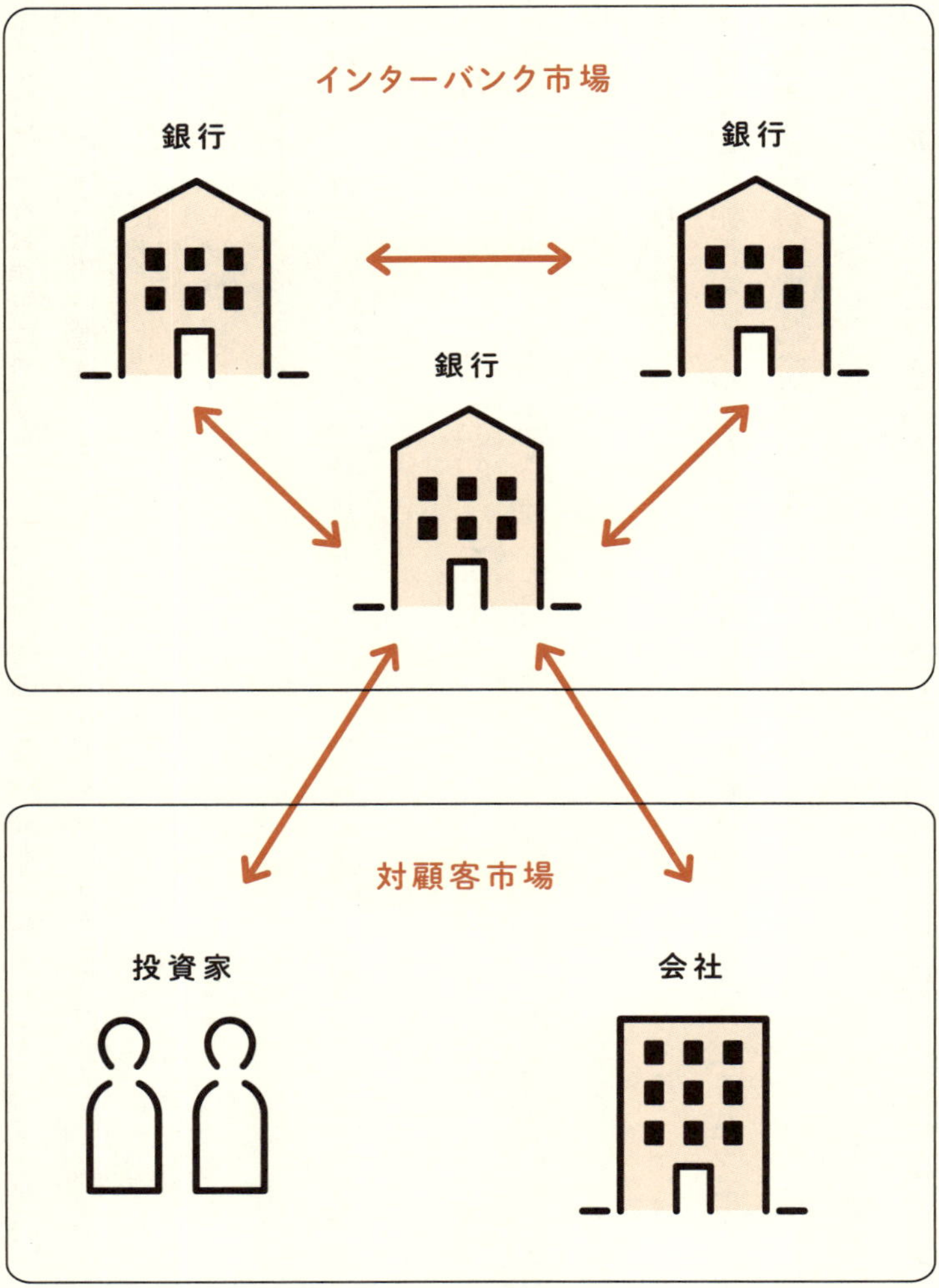

す。これはつまり、**取引するタイミングによっては、損をしたり得をしたりする場合があるということです。**

たとえば、1ドル100円が1ドル120円になった場合、日本から見れば、円安の状態（円の価値がドルに比べて安い）です。逆に、1ドル80円になったら、円高（円の価値がドルに比べて高い）となります。

円高のときにドル（の商品）を買い、円安になったときにそれを売れば、その差が利益になります。

ここまでは、これまで解説したほかの金融商品の資産運用と同様、**「価格変動の差益を狙う」**ということですが、FXによる資産運用によって利益を出す仕組みには、もう1つの特徴があります。

それが、**二国間の金利差（スワップポイント）を利用する**というものです。たとえば、低金利の日本円を売り、日本円より高金利のドルを買うことで、そのスワップポイントを受け取るということです。

スワップポイントは日々計算され、1日単位で受け取ることができます。**取引量を多く**

することで、大きな利益を受け取ることが可能となります。ただし、高金利通貨を売って、低金利通貨を買った場合は、逆にスワップポイントを支払うことになるため注意が必要です。

「FX」ってどんなもの？

「FX」は、初心者がはじめやすい資産運用の1つといわれています。ここからは、「FX」に絞って特徴を見ていきましょう。

FXには、「商品先物取引」に近い2つの特徴があります。

1 「買い」「売り」のどちらからでも取引可能

通常、イメージしやすいのは「買い」という取引です。「自分が持っている円を売って、ドルを買う」という行為がそれにあたります。

FXでは、FX取引業者を通じて売買取引を行いますが、FX取引業者から自分が持っていない通貨を借りてきて、売るという行為もできます。あとで安く買い戻し、借りていた通貨をＦＸ取引業者に返却するという方法で、**はじめの売値と買い戻しの価格差を利益にする**ということです。

たとえば、今後ドルに対して円高になると予想したとしましょう。１ドル１００円のときに、まずＦＸ取引業者にドルを借りてきて、そのドルで日本円を買います。その後、円高になって１ドル80円のときに、持っている日本円でドルを買い戻すと、差額として20円を得られます。

つまり、**相場を予想することができれば、円安でも円高でも利益を獲得するチャンスがある**ということですが、先述のとおり、日本円は世界的に見ても低金利通貨です。円を売って、外国の通貨を購入するという場合は、スワップポイントを支払う可能性が高いということをおさえておきましょう。

❷ 証拠金取引

ＦＸをするためには、**取引口座に「証拠金」という資金を入れておく必要があります。**

ＦＸ取引における担保のようなものです。

ＦＸ取引業者により異なりますが、預けた証拠金の１〜25倍までの取引ができます。

ＦＸのコストは？

ＦＸを行うには、大きく分けて２種類の投資コストが発生します。１つはＦＸ取引業者に支払う取引手数料、もう１つは税金です。

ＦＸの利益は、これらのコストを差し引いた金額になります。

1 ＦＸ取引業者の取引手数料

実際の通貨の取引は、外国為替市場で行われますが、その外国為替市場で一般の投資家が直接取引することはできません。その売買をＦＸ取引業者に依頼する形となるため、その取引手数料として発生します。

ＦＸのすぐれている点は、この**取引手数料が非常に安い**ことです。ほかの資産運用の取引手数料もそうですが、通常の外貨預金と比べても大きく異なります。

近年では、ＦＸ取引業者間の競争が激化したことにより、**取引手数料を無料とするＦＸ会社も増えています。**そのため、コストとしては、ほとんど意識しなくていいでしょう。

手数料が安いため、取引回数を多くすることができ、そのぶん利益を出すことが可能です。

❷ 税金

その年の1月2日から12月31日までに発生したスワップポイント、売買差益から、取引手数料などを差し引いた金額に対して約20％課税されます。

この場合には、確定申告による納税義務が生じます。

FXのメリットは？

- 少ない資金で大きな取引を行える（レバレッジ効果）
- 取引できる通貨ペアが豊富

① 少ない資金で大きな取引を行える（レバレッジ効果）

FXで必要となるのは、総取引金額の数%程度の証拠金だけです。証拠金として預けた資金の何倍もの金額の外国為替取引が行えるのは、FXの大きなメリットといえます。

当然ながら、総取引金額が大きくなると利益も大きくなります（損失もですが）。この点も、FXのメリットといえるでしょう。

投資資金を多く持っていない人が、為替相場が落ち着いている二国間の通貨で、**スワップポイントだけを狙って高額の取引をするということも可能**です。

仮に、自分の投資資金（証拠金）の10倍の取引を行った場合、スワップポイントで2％分の利益が発生するということは、投資資金に対しては20％の利益が発生したということになります。

例：1ドル100円、円金利0％、ドル金利2％、証拠金10万円で100万円分の取引を行った場合の利益は？

①　FX取引業者から10万円を証拠金として100万円借りる
②　100万円を売って（100万円を使って）1万ドルを買う
③　1万ドルから2％の金利が発生する（日本円分は0％なので、金利差はそのまま2％で約200ドル）
④　1年後、1万ドルを売って、100万円を買う
⑤　FX取引業者に借りていたお金を返す
⑥　10万円の証拠金とドルを保有していた間のスワップポイント200ドル＝2万円
⑦　**10万円の投資資金で2万円（約20％）の利益**

2 取引できる通貨ペアが豊富

ＦＸでは、アメリカドル、ユーロだけでなく、**オーストラリアドル、イギリスポンド、スイスフラン**など多様な通貨を取引できます。総じて、**日本円より金利が高いことが魅力**です。

また、対円だけでなく、外貨どうしのペア（ドルを売ってユーロを買うなど）で取引することも可能です。

ＦＸのデメリットは？

1 為替変動リスクがある

為替相場の変動により、保有する資産の価値が変動するリスクです。為替差益を狙って外貨を買ったものの、その後円高になれば為替差損が発生してしまいます。

しかしここではあえて、逆のリスクについても触れておきます。**この為替変動リスクを恐れて外貨投資をしないのも、実は大きなリスク**ということです。

それは、いわゆる**資産を日本円でしか所有していないリスク、日本円でしか投資しないことによるリスク**です。

日本は原油や食料品など、資源の多くを海外から輸入しています。当然、輸入する原油や食料品の価格は、為替の影響を受けます。

つまり、**円安になったときには、輸入品の価格が高くなってしまう**のです。

円安で国内のものが高くなったときに、資産を日本円でしか持っていなかったら、相対的に資産の価値が目減りしてしまいます。**そのような事態に備えて外貨投資をしていれば、資産価値の目減りを避けられた、ということもある**のです。

基本的な資産運用法と目指せる成果は？

先述のとおり、**初心者でもはじめやすい資産運用の代表例がＦＸ**です。

その理由は、①取引の仕組みがシンプル、②投資対象の銘柄種類が多すぎない、③手数料が安い、④スワップポイントがある、などが挙げられます。これらが、180ページで商品先物取引を行う前に、まずはＦＸを推奨した理由でもあります。

もちろん、自分の資金以上に多くの金額を取引することができるので、リスクはありますが、**リスクを取ってでもスピードある積極的な資産形成を考えている方には効率的な方法**ともいえます。

為替相場には、通貨どうしの相関関係、逆相関関係も存在するので、リスクをコントロールしながら利益を積み重ねることも可能です。

通貨として比較的安全な**ドル、ユーロ、円を中心にレバレッジをかけながら運用すれば、20％の利回りを目指すことができる**でしょう。

7 その他資産、デジタル資産など

ざっくり解説

「未公開株」「美術品」
「暗号資産・仮想通貨」
「クラウドファンディング」など。
「暗号資産・仮想通貨」は
新しい方法で、難易度が
高いかも。

［難易度］
★★★★★
［リターン度］
10〜100％
［リスク度］
★★★★★
［ボラティリティ度］
（値動きの幅）
★★★★★

⑥までにお伝えしてきた資産運用方法は、金融庁などが投資家保護のために法規制というルールを定めています。代表的なところでは、金融商品取引法や宅地建物取引業法などがあり、そのルールのなかで私たちは取引を行っています。そのため、投資の対象となる商品（金融商品）は、そのルールでの基準をクリアしたものばかりです。

しかし、世の中にはそれ以外にも（ルールがないものや、ルール構築途中のもの）、投資の対象となる商品がたくさんあります。

というわけで、ここでは、⑥までとは異なる資産運用方法のなかで、代表的なものを大きく2つに分けて説明していきます。

1つめは、従来からある、主に**現物資産**として扱われている**「その他資産」**。代表的なものが、**未公開株や美術品、そして太陽光発電システムなどへの投資**です。

そして2つめは、テクノロジーの発展により直近10年くらいで新たに資産として扱われるようになった**「デジタル資産」**です。代表的なものは、**ビットコインなどの暗号資産（仮想通貨）やクラウドファンディング**です。

これらには法規制やルールが定まっていないものもありますが、資産としての価値があれば、資産運用の対象となりえますので、わかりやすく説明していきます。

ただし、投資をするうえでの判断が正しく行えないと、損失を被る可能性も高まるので、正しい知識を得たあとで行いましょう。

1 その他資産

「未公開株」とは？

証券取引所に上場する前の会社の株式を指します。経営上、意図的に上場していないケースの会社の株式も未公開株に該当します。

未公開株は上場していないので、証券取引所では売買できません。当事者どうしで株式を売買する**「相対《あいたい》取引」という手続きが必要**です。

相対取引の特徴としては、まず取引相手と1対1で取引をします。価格設定も市場取引とは異なり、当事者間で価格を決定します。

経営者などの未公開株を保有している人や、勤めている会社の**従業員持株制度**などがない限り、一般の人にはなじみがない投資ですが、**無登録業者の電話勧誘などで「上場間近の未公開株を安く売るので必ず儲かる」などという話を真に受けて購入してしまうケースもあるので注意が必要**です。

未公開株への投資には大きく2種類あり、①会社に出資する増資型、②既存株主から購入する売買型、です。あなたが投資したお金がどこに渡るかの違いで、①は会社に入り、②は既存株主に渡ります。**多くの詐欺は②のパターンが多い**ことを覚えておきましょう。

○**期待リターン**：未公開株は、投資先が上場することで莫大な利益を手にするという魅力があります。1株100円で購入したものが、上場後3000円（30倍）の値がつく可能性もあります。

まだ世の中に知られていない企業を応援できるという、投資家としての大きな魅力もありますが、投資先が上場しなければ、利益は1円も発生しないという**ギャンブル性の高い側面もある**ことを忘れてはいけません。

「美術品（絵画・骨董《とう》品など）」とは？

購入した美術品の価値が上がってから売却すれば、投資として利益を得ることができます。将来的に価値が上昇する作品を見いだす力があれば、10万円で購入した絵画が、数年後には数百万円になるということも十分にありえます。

ただし、言うまでもないことですが、すべての美術品が購入後に価値が上昇するわけではありません。作家やアートそのものの需給バランスにより価格が上下するので、その**「目利き力」がない場合、売却益を出すのは難しいでしょう。**

○**期待リターン**：購入後に価値が数倍になるケースはありますが、短期間で大幅に価値が変動するということはほとんどありません。

これは、**価値が安定しているというメリット**であり、そして**短期で売却益を得たい人には向いていないというデメリット**でもあります。

美術品の価値を見極めることができ、購入してから何年でも待てるような人で、かつ、保有期間中の美術鑑賞に楽しみを見いだせるような人には向いている投資といえます。

「太陽光発電システム投資」とは？

土地を購入（もしくは賃貸）し、そこにソーラーパネルなどの太陽光発電システムを建て、つくった電気を売る（売電する）ことで収益を得る投資です。

経済産業省などが推奨する再生可能エネルギーの利用促進に伴い、電力会社でなくとも発電し売電することができるため、新たな投資先として2012年以降に増えてきた投資手法です。

土地や設備を購入（建築）し、そこからの収益を得るため、不動産投資と仕組みは似ています。ただし、**不動産投資よりも事業性が高く、かつ天候により収益も大きく変動する**

ことから、上級者向けの投資といえます。

〇**期待リターン**：売電による売上から、設備投資コストや運営コストを引いた残りが利益となります。

以前は、電力会社が高い価格で電力を買い取る「再生可能エネルギーの固定価格買取制度」があったため、年間10％を超える高い収益が見込めましたが、**今後は電力会社との個別取引にて電力価格が変動（主に下落）するため、全体的に収益は下がっています。**

2 デジタル資産

「暗号資産・仮想通貨」とは？

「暗号資産・仮想通貨」とは、インターネット上でやり取りできる財産的価値のあるものを指します。「資金決済に関する法律」では、次の性質を持つものと定義されています。

1　不特定の者に対して、代金の支払い等に使用でき、かつ、法定通貨（日本円や米国ドル等）と相互に交換できる

2　電子的に記録され、移転できる

3　法定通貨または法定通貨建ての資産（プリペイドカード等）ではない

代表的な暗号資産には、**ビットコイン**や**イーサリアム**などがあります。

暗号資産は、**「交換所」や「取引所」と呼ばれる事業者（暗号資産交換業者）から入手・換金することができ**、日本国内での暗号資産交換業は、金融庁・財務局の登録を受けた事業者のみが行うことができます。

暗号資産（仮想通貨）は、送金や売買など、通貨としての利用が可能ですが、通貨といっても、日本円やドルなどと異なり、**国家やその中央銀行によって発行される法定通貨ではありません。**

一般的な通貨では、為替変動が実体経済に悪影響があると判断される場合、為替の安定を図るために中央銀行の為替介入が行われます。

一方、管理主体が存在しない暗号資産（仮想通貨）では、**利用者の需要と供給だけで価格が変動する**ため、**一方向に偏れば、その変動幅は大きくなりやすい傾向があり**、ボラティリティはかなり高い傾向があります。

○**期待リターン**：2017年に仮想通貨の価格が暴騰したことで、世界各国では多くの億万長者が誕生しました。日本でも、仮想通貨投資によって儲けたと公言する人が続出し、SNSなどで「億《おく》り人」という言葉が話題となりました。

ビットコインは、1単位あたり100万円を超えるような値がつきました（106ページ参照）が、ほかにも数多くの「○○コイン」という暗号資産があり、1単位あたり数円から数万円で購入することができます。

将来有望な暗号資産を見極めて投資することができれば、資産を爆発的に増やすことができるかもしれません。

「クラウドファンディング」とは？

「クラウドファンディング」とは、「群衆（Crowd）」と「資金調達（Funding）」という言葉を組み合わせた造語で、**インターネットを通じて不特定多数の人に資金提供を呼びかけ、趣旨に賛同した人から資金を集める方法**です。

一方、「ソーシャルレンディング」とは、「社会的な（Social）」と「資金を貸す（Lending）」を組み合わせた造語で、**インターネットを通じて不特定多数の人からお金を借りること**です。

これら2つのものは混同して見られがちですが、資金提供する出資者へのリターンの違いから、大きく次の3つに分けられます。

1　購入型：出資額に応じたモノやサービスが提供される（購入型クラウドファンディング）
2　投資（株式）型：会社の株式を受け取る（投資型クラウドファンディング）

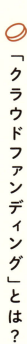

3 融資(貸付)型:融資元本の返済とあらかじめ設定された金利が支払われる(融資型〈貸付型〉クラウドファンディング、別名・ソーシャルレンディング)

1 「購入型クラウドファンディング」とは?

「購入型」は、出資額に応じたモノやサービスを受けることができるので、資産運用や投資としてではなく、**あくまでも買い物(ショッピング)としてとらえるのがよい**でしょう。

画期的な商品や、魅力的なサービスをつくりたいという人(事業者)が、その商品やサービスを世に出すまでの間に予約販売するという目的のものが「購入型クラウドファンディング」です。

商品アイデアやビジネスプランをもとに、不特定多数に向けて購入権をつけて予約販売することで、事業者は資金を集めます。その資金を元手に、商品やサービスをつくり、その商品の公開(発売)時に資金を提供した人が優先的に購入することができるというものです。

○**期待リターン**：優先して商品を受け取ることができるというリターンや、割引購入としてのリターンがありますが、**資産運用ではないので投資資金が増えることはありません。**

画期的な商品開発に賛同したときや、ファンとして応援したいときに、参加するのがよいでしょう。

2 「投資型クラウドファンディング」とは？

「投資型」のなかでも、ここでは主に株式タイプに関して解説します。

投資をすると、未上場企業の株式を受け取れることが基本です。規模は小さくても、事業構想がすぐれていたり技術力が高いなど、今後大きな成長が期待できる会社を、**投資家として資金面から応援できる**というメリットがあります。

この「投資型クラウドファンディング」を用いて資金調達を行う会社は、会社設立後、間もないベンチャー企業が多い傾向があります。仮にリターンとして株式を受け取った会社が、その後上場すれば、多大な売却益を得ることができる可能性があります。

また、M&Aなどによって投資先会社が大手企業などに買収された場合でも、高い株価で株式を売却する機会を手にする可能性があります。

未公開株式は通常、当事者どうしで株式を売買する「相対取引《あいたい》」が基本とお伝えしましたが、**インターネットを通じたクラウドファンディングによって、条件を満たせば誰でも取引できる**ようになりました。

また、未上場のどのような会社でも投資型クラウドファンディングで資金を調達できるわけではなく、金融庁の監督もあるので、個人間で話を持ちかけられる未公開株よりは信用の高い会社が多いでしょう。

2019年現在、法改正により今後普及する可能性がある資産運用分野ともいわれています。

○**期待リターン**：先述の「未公開株の期待リターン」と大きな違いはありません。投資した会社が上場することで莫大な利益を手にする魅力がある反面、利益は1円も発生しないという**ギャンブル性の高い側面もある**ことを忘れてはいけません。

3 「融資型（貸付型）クラウドファンディング」（別名：ソーシャルレンディング）とは？

クラウドファンディングの運営会社を通して、**お金が必要な会社・事業などへお金を貸すという形で投資**します。

1つひとつの投資商品に、返済期間、金利などが設定され、返済の際に生じた金利を毎月の分配金として受け取ることができるという仕組みです（一部、分配金の受け取り方法が違う場合もあります）。

債券（社債）の仕組みに近い性質を持っていますが、会社、投資家から見ると、それぞれ違いがあります。

会社から見ると、債券の発行にはある程度の信用力と準備期間が必要です。未上場企業の債券はほとんど存在せず、資金調達にも数か月はかかります。

ソーシャルレンディングの場合は、インターネットを通じて不特定多数の人から融資を集められるので、何億円もの資金調達には向いていませんが、上場していない会社が簡易的に資金を調達するのには向いています。

一方、投資家から見ると、**利回りの高さが大きな違い**といえるでしょう。債券の場合、5％以上の利回りというのは、それなりのリスクがあるといえますが、「ソーシャルレンディング」では、**比較的高い金利が設定されていることが多く**、5％以上、なかには10％を超える高い利回りが設定されていることもあります。

2019年現在、ソーシャルレンディングの信用リスクによる会社の倒産や分配金支払いの遅延という事例も少なく、**今後もさらなる市場規模の拡大が予想されています。**

○**期待リターン**：まずは、商品の特性や仕組みをしっかりと学びましょう。そのうえで、運営事業者、対象企業、事業などの違いを理解し、うまく投資先を分散しながら5～10％を目指してみましょう。

それぞれを運用する場合のコストは？

それぞれの方法によって、まったく異なる性質を持ちます。まずはしっかりと勉強してみましょう。

コストを把握するうえで最も大切な点は、資産運用の仕組みを理解することです。自分が投資したお金は、誰（どの会社）を経由して、どのような手続きをもって対象となる資産に変わるのか。その資産は、何を理由にどのくらい価格（価値）が変動するのか。現金に戻すときの手続きはどうなのか――を理解することで、かけるべきコストなのか、かけないほうがいいコストなのかがわかってくるでしょう。

そしてもう1つ大切なのは、**税金**についてです。比較的新しい資産運用の方法では、納税方法が理解されていないケースがあります。

ネットでは、「バレないから大丈夫」と発信されていることもありますが、納税は国民の義務であり、**その義務を怠ることは犯罪**です。

資産運用で得た利益をどのように納税しなければいけないかは、しっかりと調べて理解しておきましょう。

その他資産、デジタル資産のデメリットは?

比較的歴史が浅い資産運用の方法には、**何が正確な情報なのかわからないというリスク**があります。まずは、情報の発信元を確認するようにしましょう。**資産運用についての情報は、金融庁が発信する情報が最も正確だといえます。**

たとえば、融資型クラウドファンディングの運営会社でも、金融商品取引業の登録を受けていない場合もあり、詐欺被害が発生していると金融庁が発信しています。

誰が何のために発信している情報なのかを読み取る力を持ちましょう。もしもそれが、発信者が利益を得るためだけの情報であれば、それは詐欺の可能性が高いといえます。

column

おトクな「NISA」、「iDeCo」制度を知っていますか？

「NISAやiDeCoって、テレビのCMとか金融機関の窓口でよく聞くけれど、いまひとつ仕組みがわからない……」という人も少なくないのではないでしょうか。

一言でいうと、**「資産運用時の税制優遇制度」**のことですが、基本的にはどちらも資産運用を推奨するために、国が定めた制度といっても過言ではないでしょう。

国を挙げて資産運用をサポートしているということなので、積極的に利用を検討してみてはいかがでしょうか。

「NISA」（少額投資非課税制度）とは？

通常、株式や投資信託などの金融商品に投資をした場合、これらを売却して得た利益や受け取った配当金に対して約20％の税金がかかります。これまでも何度か出てきました。

ＮＩＳＡは、「ＮＩＳＡ口座（非課税口座）」内で、**毎年１２０万円まで購入した金融商品から得られる利益が非課税になる**、つまり税金がかからなくなる制度です。

この制度を利用するためには、ＮＩＳＡ口座を開設する必要があります。まずは、株式や投資信託の取引を行うための証券会社で口座を開設しましょう。通常の証券口座ができれば、同じ証券口座内でＮＩＳＡ口座を開設することができるようになります。

１つの証券会社で、２つの口座を持ち、取引を分けて管理することで、ＮＩＳＡ口座内での取引における利益のみ非課税にすることができます。

しかし、１人で複数の証券会社の口座を開設することはできますが、ＮＩＳＡ口座は１人につき１つの証券会社でしか開設することができないので注意が必要です。

「iDeCo」（個人型確定拠出年金）とは？

iDeCoは、**国民年金や厚生年金などの公的年金に上乗せされる、老後資金づくりを目的とする年金制度**のことです。

60歳までの間に毎月一定の金額（掛け金）を出して、その掛け金で投資信託などの金融商品を自分で選んで運用し、60歳以降に運用した資産を受け取るというものです。

資産運用時の利益だけでなく、毎月積み立てた掛け金に関しても所得控除され、さらには受け取り時にも退職所得控除や公的年金等控除の所得控除があるというメリットがあります。

一方で、**60歳までは資金を引き出せない**というデメリットも存在します。このため、**完全に老後のための資産形成を目的とした制度**といえるでしょう。

「NISA」と「iDeCo」について比較してみると、次の表のようになります。

NISAとiDeCoの違い

		(通常の)NISA	iDeCo	
正式名称		少額投資非課税制度	個人型確定拠出年金	
どの省庁が管轄?		金融庁	厚生労働省	
制度開始年		2014年1月〜	2017年1月〜(制度自体は2001年〜)	
対象年齢は?		20歳以上	20歳以上	
1年当たり、投資額はいくらまで非課税?		**120万円**	公務員	**14万4,000円**
			会社員	**27万6,000円**
			自営業	**81万6,000円**
トータルで、いくらの投資まで非課税?		600万円	576万〜3264万円 ※職業などによって金額が異なる	
資金を引き出せるのはいつ?		いつでも可	60歳以降	
非課税になる期間は?		5年	40年	
制度はいつ終わる?		2023年	—	
資金を投入できるのは?	株式	○	×	
	投資信託	○	○	
	ETF(上場投資信託)	○	×	
	J-REIT(上場不動産投資信託)	○	×	
	預金	×	○	
金融機関は変えられる?		可	可	
併用OKなのは?		ジュニアNISA、iDeCo	NISA、ジュニアNISA、つみたてNISA	
どれを選ぶか迷ったら…こんな人に向いている!		・いつでも自由に引き出したい ・株式、ETF、J-REITを買いたい(優待株を買いたい人は通常のNISA一択!)	・とにかく税金で一番得したい ・60歳まで引き出せなくてもいい ・預金で運用したい	

出典：https://dot.asahi.com/print_image/index.html?photo=2018071900062_2 の表を改変

資産運用の税金に関しては、「せっかく運用で利益が出ても、税金がかかるならもったいない」と感じる人もいるかもしれません。でも、ＮＩＳＡやｉＤｅＣｏのように、運用益、売却益に対して非課税にできる仕組みもあります。

ちなみに、気づいていない人もいますが、預貯金の金利に対しても、株式や債券と同じように約20％の税金が課税されています（もし知らないという人は、毎月発生しているはずなので、ご自身の銀行口座の入出金明細や預金通帳を確認してみましょう）。

なお、利益に対する納税は国民の義務であり、ＰＡＲＴ１でお伝えしたように、大きな視点でとらえれば社会還元でもあります。

資産運用で自分の目標が達成されるということは、それまでに多くの納税をしているということでもあるはずです。

その目標を達成する過程で、国が推奨している非課税制度に関しても、しっかりと理解して、「納めるときは納める、節税するときは節税する」といったように、必要に応じて使い分けるというスタンスでいるのがいいのではないでしょうか。

PART

3

実践編

資産運用は、
王道の「PDCAメソッド」に
従ってはじめましょう!

結果を出している人は、どのようにして資産を運用しているのか？

ここまで、「資産運用の基本」についてお伝えしてきました。

経済の仕組みや、株式や投信などの個別商品のベーシックな知識はもちろん、長期運用による複利効果や、少額からでも実践可能な積み立て投資、個別商品の解説など、いずれも資産運用が初めてという初心者の方々には大切な知識です。

これらの基本的な知識を身につけたら、いよいよ**実際にお金を増やすためのステップに進みましょう。**

資産運用の知識をどれだけ詰め込んでも、リスクが低いといわれている「分散投資」を実践したとしても、「お金を（目標金額まで）増やす」という最終目的が達成できなければ意味がありません。やはり、「結果」を重視したいところです。

そのためには、**すでに結果を出している成功者の方法を知るのが一番の早道**です。

これは資産運用に限らず、どんな分野でも同じです。テニスを上達したいならテニスの名選手に、仕事ができるようになりたければ、仕事で成果を出している人に学ぶのがベストでしょう。

資産運用の情報については、さまざまな情報があふれています。しかしその実は、金融商品を販売する証券会社や銀行といった売り手側による情報や、運用の専門家ではないファイナンシャルプランナーによる情報が大半で、**実際に運用に成功した人々による情報は少ないのが現状**です。

だからこそ、**お金を増やすためには、「成功者たちが実践している方法」を知ることが不可欠**なのです。

というわけで、この章では、実はあまり知られていない、その方法についてお伝えします。

初心者向け資産運用情報の落とし穴

――「分散投資」では大きく増えません！

みなさんが最初に、資産運用に興味を持った理由は、どのようなことだったでしょうか？

その理由を思い出してみましょう。そうすることで、なぜ資産運用を行うのかという本質に立ち戻ることができます。

- 資産運用で、お金を増やしたい
- 資産運用で、お金を減らしたくない

一般に、初心者向け資産運用に関する情報は、「守り」の姿勢です。要するに、お金を増やすのではなく、**「減らさない方法」**が広く伝授されています。いわゆる**「分散投資」**

です。

ただし、お金を大きく増やす運用方法ではないので、将来の夢や老後資金のために増やしたい目標額があっても、そこに到達できないおそれがあります。

それどころか、世界規模の金融危機が起きた場合には、**守りの運用をしていたことで、逆に資産価値が減ってしまうこともありえます。**実際に、1990年のバブル崩壊、2000年のITバブル崩壊、2008年に起きたリーマンショックの際には、いずれもそのような損失が発生しました。

「分散投資」については、必ずと言っていいほど、「リスクを避けるため複数の商品に分散すること」が常識だといわれています。そのセオリーを信じて、株式・債券・不動産をそれぞれ日本のもの・先進国のもの・新興国のものに、細かく分けて分散投資しているという人も多いのが現実です。

ところが、**実際にお金を大きく増やしている人は、実は分散投資はしていません。**

語弊のないように言うと、**資産を大きく増やす時期において、分散投資はしていません。**

その反対、つまり**絞られたカテゴリに、お金と時間を集中して投資（集中投資）をしている**のです。

「集中投資」というのは、株式・債券・投信・不動産と小分けに投資せずに、株式なら株式に、不動産なら不動産にと決めて、そこに知識と投資資金を集中させるものです。

仮に、資産運用に使えるお金が8万円あったとしましょう。株式・債券・投信・不動産に2万円ずつ分散投資をして、株式と投信は年利10％上昇したものの、債券と不動産は不調で、年利マイナス10％になったら差し引きゼロになってしまいます。

一方、8万円を株式に集中投資していたらどうでしょう？　8万円の10％の運用益（8000円）を丸ごと獲得できます。

もちろん、リスクをどのように抑えるかは真剣に検討すべきですが、実は**資産を大きく増やすためには、資産を集中させるしかありません。**

実際の成功者たちのケースでは、集中投資の運用効果は、年利2～3％といった控えめな数字にはおさまりません。驚くような数字ですが、**年利10%以上を安定的に続けています。**

文字どおり、**大きく増やすことができているのです。**

「資産を増やす運用」と「資産を守る運用」は別物!

もちろん、「分散投資」のすべてを否定しているわけではありません。ただ、一般に広まっているこの手法は、**あくまでもお金を減らしたくない人向け**――「資産を守る」運用なのです。**資産を大きく増やしたい人には不向き**と言ってもいいでしょう。

最初から守りに入ると、むしろお金が増えないリスクを負ってしまいます。

ベストな順番は、**「成果を出してから守りに入る」**です。つまり、集中投資で大きく増えた資産を、分散投資で減らないように守る、という順番です。

本来、「資産を増やす時期」(資産形成期)と「資産を減らないように守る時期」(安定期)

は運用方法が異なるのですが、残念なことにこの事実はあまり知られていません。
そこで、実際の成功体験者がどのようにお金を増やしたのか、その考え方や手法を学んで真似る必要があるのです。

私たちファイナンシャルアカデミーは、数多くの運用成功者の事例を分析し、その法則性を見出しました。

資産運用に成功した人たちは、しばしば運用の才能があったから、たまたま幸運だったから、などといわれてしまいがちですが、そうではありません。

成功者に共通しているのは、「非常に再現性の高いメソッド」で運用していることだと判明したのです。

ファイナンシャルアカデミーでは、そのメソッドをお伝えしています。

本書を読んでくださっているみなさんにも、そのメソッド（「ＰＥＣＤメソッド」）を本書用にわかりやすく、簡素化した形でお伝えしていきます。

お金を増やしたい人の王道の方法、「PECDメソッド」

「9つの質問」で、自分のタイプを知っておこう

ここからは、いよいよ結果を出している人に共通している資産運用の実践方法をご紹介していきます。

本書のPART1では、資産運用の基礎知識を、PART2では、金融商品、資産運用法にはどんなものがあるかをご紹介してきました。

このような知識は学校で教わることがないので、難しいと感じた人もいるかもしれませんが、それで大丈夫です。このあと、知識を活かして行動してみると、お金が増えたということを実感できるようになり、だんだん楽しくなってくるはずです。

でも、ここで**「お金を増やす資産運用には、ルールがある」**ということをお話ししておかなければなりません。

その**ルールを知らずに資産運用を行うと、逆にお金を増やすことはとても難しくなる**のです。

それではまず、自分のタイプを診断してみましょう。

次のページの「9つの質問」に、「はい」か「いいえ」で答えてみてください。

「PECDメソッド」タイプ分け9つの質問

1	老後の生活資金が 足りるか心配だ	はい	いいえ
2	万が一に備えて、医療保険やがん保険など 3つ以上の保険に加入している	はい	いいえ
3	住宅ローンの完済まで、 まだ20年以上ある	はい	いいえ
4	手取り収入の20%を貯金するのは、 正直いって厳しい（年収500万円なら年100万貯金）	はい	いいえ
5	毎月の生活費の収支が、 たまに赤字になってしまう	はい	いいえ
6	今後何十年も、自分の収入が 上がりつづけるイメージが持てない	はい	いいえ
7	投資信託やNISA、iDeCoの情報に興味があり、 記事を見つけたら読むようにしている	はい	いいえ
8	資産運用の相談のために、 金融機関に行ったことがある	はい	いいえ
9	資産運用をしたが、 失敗したことがある	はい	いいえ

さて、みなさんはどちらにチェックが多くついたでしょうか？

実は、資産運用には**「資産が減るリスク」「資産が増えず、将来の生活が苦しくなるリスク」**があります（くわしくは268ページ）。

この9つの質問は、**実はみなさんがどちらのリスクが高いかがわかる**ものです。

9つの質問のうち、左側の「はい」に5つ以上のチェックが入った人は、**「資産が減るリスク」よりも、「資産が増えず、将来の生活が苦しくなるリスク」、つまり「老後資金の不足リスク」のほうが大きい**と思われます。

そういった人は、これからご紹介する**「PECDメソッド」のとおりに資産運用を行うと、「老後資金の不足リスク」を解決できるようになる**でしょう。

また、そこで「減らさない資産運用」をしても、お金は増えません。つまり、「老後資金の不足リスク」という本質的なリスクは解決できないのです。

では、どうすればいいのか？

それは、**「お金を増やす資産運用」を行うことが必要になる**のです。今の社会構造では、貯金だけではなかなかお金が貯まりにくくなっています。昭和の時代のように、年々給与が上がっていくことはありませんし、貯金をしていれば年8％もの金利がつくこともありません。

さらに、納めた年金額以上の年金を受け取れるかどうかもわからない今の時代、**私たちの老後に迫ってくる「老後資金の不足リスク」を解決する方法を行っていく必要がある**のです。

なお、9つの質問のうち、0か1つしか左の「はい」にチェックがついていない人は、このパートの内容は読み飛ばしていただいてもかまいません。

今ある資産を守るため、272ページの「お金を減らさない守りの運用」に進みましょう。

「はい」が2～4つの人も、資産を増やして「老後資金の不足リスク」をさらに減らしていきたいのなら、ぜひこの先を読み進めていただきたいと思います。

「PECDメソッド」とは？

ファイナンシャルアカデミーが17年間かけて構築した独自の「資産形成メソッド」です。「お金をなるべく減らさない運用」ではなく、「お金を大きく増やす運用」が必要となったら、ここから説明する**「PECDメソッド」**をマスターしましょう。

このメソッドは、ファイナンシャルアカデミーが**多数の資産運用成功者の体験のなかから、共通する成功パターンを抽出・分析し、どんな人でも資産構築が実現できるよう、再現性を高めた**ものです。

「PECD」メソッドは、次の4つの期に分けて資産運用を考えていくというものです。

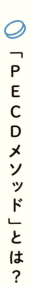

「PECDメソッド」とは？

P 計画	E 経験	C 集中	D 分散
・現状把握 ・目標設定 ・達成手段	・学び ・実践 ・トライ&エラー	・発見 ・構築 ・再現	・安定 ・守り ・自由

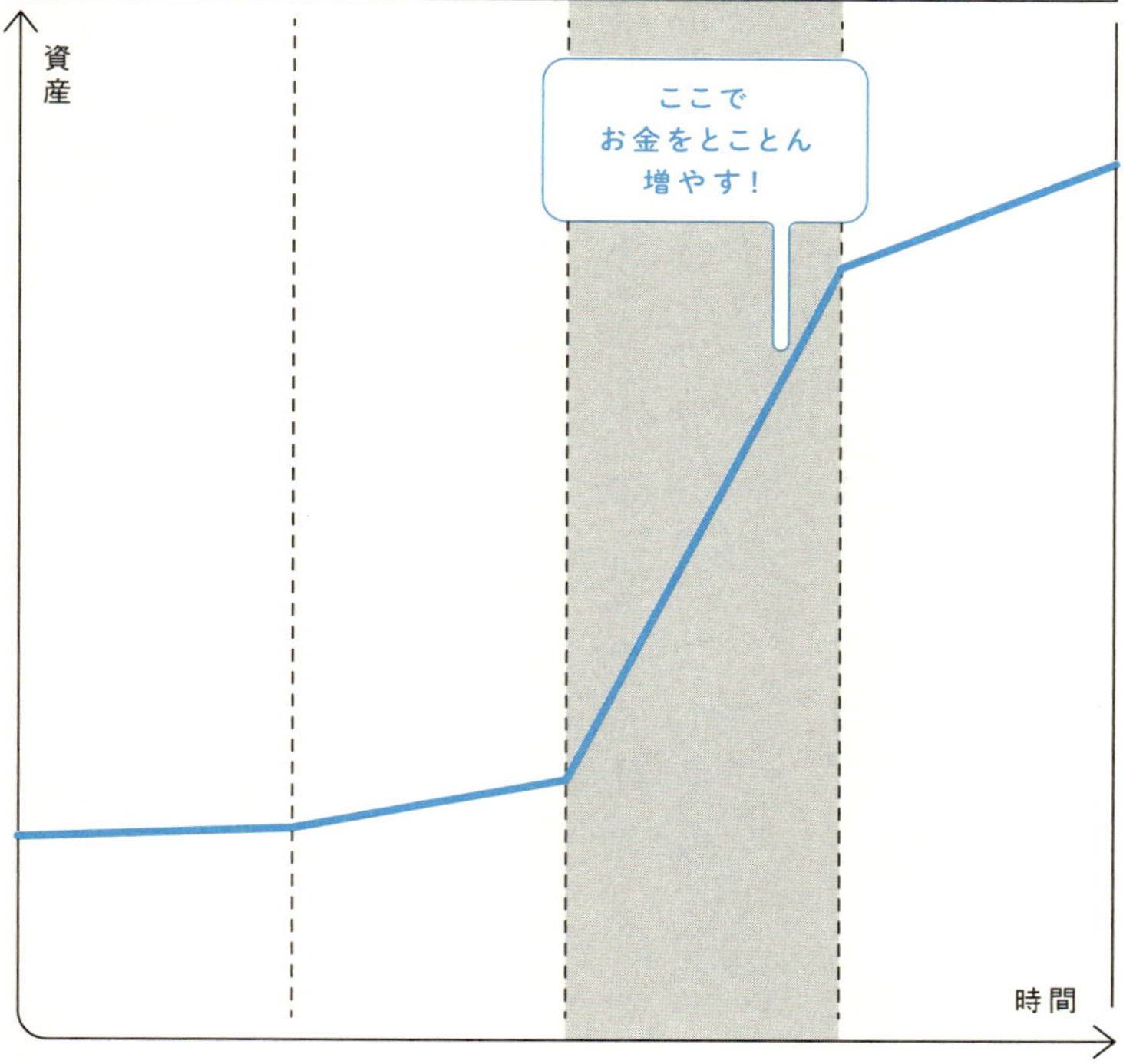

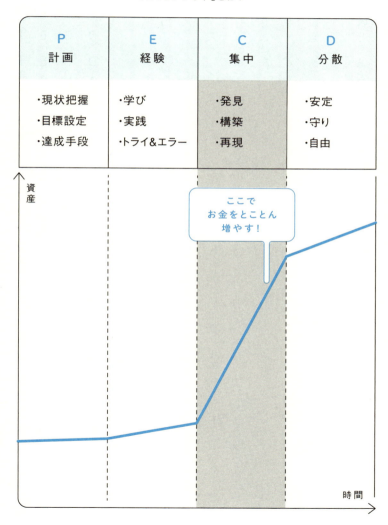

1　P：PLAN（計画期）
2　E：EXPERIENCE（経験期）
3　C：CONCENTRATION（集中期）
4　D：DIVERSIFICATION（分散期）

このステップどおりに進んでいくことで、お金を大きく増やすことができます。そしてこれが、豊かな人生を送るための基本セオリーとなります。

高いリターンを望むために必要なのは、**「集中投資×知識・スキル」**です。前述のとおり、分散投資では値動きも穏やかで、大きく減ることがないかわりに、大きく増えることもありません。

ステップが進むにつれ、**「自分の得意分野に集中投資する」ことで、ほかの人よりもリスクが低い状態で高いリターンを実現できる状態をつくり出せるようになる**のです。

漠然とお金を増やしたいと考えていても、やり方が手探りではなかなか結果に結びつきません。

ぜひ、この「PECDメソッド」で戦略的に知識と経験を底上げして、結果につながる運用を行いましょう。

では、まずPECDの「P」にあたる「PLAN」（計画期）から見ていきましょう。

1 PLAN期
具体的なPLAN（計画）を立てる

「P」とは、計画をする時期です。資産運用が必要だと思って、いきなり株を買ってもうまくいきません。なぜなら、そこには計画がないからです。

たとえば、旅行で考えてみましょう。旅行で初めての土地を訪れるとき、ほとんどの人は地図やガイドブックを持っていきます。しかし、私たちが初めて歩む人生においては、誰も地図を持ってはいません。

初めての土地で地図がなければ、目的地にたどり着くことが困難なばかりか、道に迷ってしまうこともあります。人生においても、道に迷わずに目的地に着くためには、地図が必要になるのです。

人生のお金について、地図のような役目を果たすのが「計画」です。いまどこにいて、どこに向かっていて、どの方向に、どんな速さで進めばいいのかを知るためのものなのです。

「なんとなく将来のお金が不安……」という状態で、毎月コツコツ貯金をしている人はたくさんいます。でも、貯金をしても、不安は消えないという人は多いようです。

そんなとき、**このお金の地図があれば、やみくもに不安になることはありません。**その目的地に到着するために、地図を見ながら計画を立て、着実に進んでいけばいいのですから。

つまり、**お金の地図を見ながら計画を立てるというのは、将来の不安を取り除き、いま何をするべきかを明確にすること**なのです。

このお金の地図は、私たちが生きていくうえでの重要な要素の1つである「お金」について、明確な答えを出してくれる道標となります。地図を見て、進む道を決めること、それが「計画」です。

では、この**「P」：PLAN（計画期）**に行うべき要素を、次の3つに分けて見ていきましょう。

【3つのPLAN】

- P1：現状を把握する（現在地）
- P2：目標を設定する（目的地）
- P3：目標の達成手段を知る（到着手段）

P1：現状を把握する

現状把握は、**「地図上の現在地を把握する」**ことです。まず自分がどこにいるのかを把握することが大切で、その位置を2つの側面から見てみます。

実際の地図の上では、緯度と経度で現在地を把握しますが、お金の地図上では、**「年間貯金額」と「純資産額」で現状を把握します。**

「年間貯金額」は、収入額ではありません。収入額というのは、仕事などからの年間収入を指しますが、ほとんどの人はおおよその金額を把握しているでしょう。

でもこの地図で必要なのは、収入から生活費などを引いたあとの「年間貯金額」です。

これは、収入が高いほど有利というものではありません。収入が多い人ほど、家や車や生活コストがかさみ、ほとんど貯金ができないという状況に陥りがちです。逆に、収入はそれほど多くなくても、管理がしっかりしている人は、年間貯金額が高くなります。

ここでは、おおよその金額を把握していれば大丈夫です。1円の単位まで把握する必要はありません。たとえるなら、世界地図のなかで自分の位置を把握するようなものですから、単位は万円単位での把握で十分でしょう。


そして、少し難しいのが**「純資産額」**。純資産額というのは、自分の持っている資産額から、借金を引いた差額を指します。

たとえば、資産の代表的な「貯金」が100万円、借金がゼロなら、純資産は100万円となります。貯金が300万円あっても、返済が必要な奨学金（つまり借金）が100万円あれば、純資産は200万円となります。

マイホームを持っている人は、さらにわかりづらくなりますが、算出の方法はとてもシンプルです。「そのマイホームを今日売却するとしたら、いくらで売れるか」を資産額として、現在の借金の残額を引くと、純資産額が出てきます。

このようにすれば、「純資産額」が明確になりますね。この**純資産額は、資産運用のうえでは「元手」として、運用資金のベースとなる**のでとても重要です。

もちろん、**多ければ多いほどよい**ですが、まだ少ないという人でも、この「ＰＥＣＤメソッド」のとおりに実行していくだけで資産は増えていきますので、安心して読み進めてください。

Ｐ２：目標を設定する

地図上では、「目的地」のこととなります。「どこに行きたいか」という目的地を、数字で表すことになります。

この目的地は、**「将来の純資産額」「いつ到着するか」の２つで把握します。**

まず**「将来の純資産額」**は、Ｐ1での純資産額が理解できていたら、比較的簡単にイメージできると思います。たとえば、「老後は2000万円必要だ」とか、「1億円の財産を築きたい」というようなものです。

この目標である「将来の純資産額」は、人によってさまざまですし、将来、生活する場所によっても変わってくるでしょう。都心であれば、コストがかかるので多少多くのお金が必要ですが、田舎暮らしであれば生活コストが低いので、少額でも大丈夫かもしれません。

そのような将来の生活イメージまで考えたうえで、いくら必要になるかという目標設定を行ってください。

もし、うまくイメージできないという人は、一般的にいわれている「最低限の生活であれば、老後資金は2000万円必要」「たまに海外旅行に行くような少し豊かな生活であれば、5000万円必要」というのを目安に決めてもいいかもしれません。

もう1つの**「いつ到着するか」**は、お金の地図上では、目標とした「将来の純資産額」に到着するまでの期間となります。

たとえば、目的地である「将来の純資産額」を5000万円と設定したのなら、それを達成するのが1年後なのか、10年後なのか、30年後なのかを決める、ということです。

これも人によってさまざまで、「定年になる30年後」でもいいですし、「早期リタイアしたいから10年後」というのでもいいでしょう。

これもイメージできないという人は、定年退職の1つの基準となる「65歳」までの期間を設定してみましょう。

P3：目標の達成手段を知る

P1で現在地がわかり、P2で目的地と期間がわかったら、最後は**「その目的地（目標金額）までの到着方法（達成手段）を知る」**というステップとなります。

たとえば、旅行でも目的地が現在地の近くにあり、時間的余裕もある場合には、ゆっくり徒歩で目的地に進むのが一番安全でよいということが考えられます。でも、目的地が走りつづけても到着しないいくらい遠い場合には、車や新幹線などの乗り物が必要となるのがわかります。

つまり、現在地からスタートして、いつまでに目的地に到着しなければいけないかがわかると、**「そこに到着するまでのスピード」**が見えてきます。時速10kmで到着する目的地なのか、それとも時速300km必要なのか、などという感じです。

実際の資産で見てみましょう。

先ほどの例で、「資産の代表的な『貯金』が100万円、借金がゼロで、純資産100万円」だったとします。その人が、「20年後に2000万円」という目的地を設定しました。

その目的地に到着する方法は、次の2種類で考えていきます。

1つは**「貯金」**。今後20年間で、いくら貯金できる（積み立てできる）のか、を見ていきましょう。たとえば、毎年50万円貯金できるとしたら、20年間で1000万円となります。現在、純資産100万円があり、20年間で1000万円貯金ができるとしたら、(金利収入を考えなくても)20年後には1100万円の純資産が構築できることがわかります。

そこで、目標としている2000万円には900万円足りないことになります。その900万円をどのようにつくるか、それが**「資産運用」**です。

この資産運用の考え方は、**「今あるお金(元手)に、お金を稼いでもらう」**というものです。

たとえば、100万円のお金が毎年45万円稼いでくれたら、20年間で900万円増えて「元手100万円+貯金分1000万円+資産運用での増加分900万円」となり、「20年後に2000万円」という目的地に到着できることが見えるのです。

先ほど、「100万円のお金が毎年45万円稼いでくれたら」と書きましたが、これが「到着までのスピード」になります。

私たちが移動する際のスピードは、1時間あたりの移動距離を「時速（㎞）」と表しますが、お金が増える際のスピードは、1年あたりの増加率を「利回り（%）」で表します。先ほどの例では、100万円が年間45万円増やすということで、「利回り45%」と表現するのです。

その利回り45%が高いか低いかについては、PART2の個別の資産運用ガイドのページでもある程度わかるかと思いますが、ここでは**「利回りとは、お金が増えるスピードである」**という考え方だけ理解しておけば大丈夫です。

そして、**個別の資産運用ごとに、ある程度目指せる利回り（スピード）は決まっている**ということも覚えておきましょう。

ここでもう一人、「20年後に2000万円」という同じ目的地設定をしており、さらに「毎年同じく50万円の貯金ができる（積み立てできる）」人がいるとします。

でもその人は、「現在の貯金が（100万円ではなく）500万円」です。その場合、「利回り」というスピードはどのようになるでしょうか？

先ほど、目的地までに到着する方法は、2種類で考えていくとお伝えしました。

1つめは「貯金」。今後20年間でいくら貯金できるのか、です。毎年50万円貯金できるので、20年間で1000万円の積み立てができます。

現在、純資産500万円があり、20年間で1000万円貯金ができるとしたら、（金利収入を考えなくても）20年後には1500万円の純資産が構築できることがわかります。

すると、目標としている2000万円に、500万円足りないことがわかります。その500万円を資産運用で、どのようにつくるかを考えていきましょう。

今ある元手、500万円のお金が毎年25万円稼いでくれたら、20年間で500万円増えます。つまり、「元手500万円＋貯金分1000万円＋資産運用での増加分500万円」で、合計2000万円となり、目的地に到着できるのです。

その際の「お金の増えるスピード」である利回りを見てみましょう。計算式は、25万円÷500万円なので、5％となります。

先ほどの「20年間で、元手100万円で900万円増やす」のは、利回り45％（スピードにたとえると、時速45㎞のようなもの）でした。一方で、「20年間で、元手500万円を500万円増やす」となると、利回り5％（時速5㎞のようなもの）となり、到着までの手段がまったく変わることが見えてきます。

当然ながら、**利回り（時速）が低ければ低いほど、選択肢はたくさんあり、そして実現の可能性も高まってきます。**

このように、**到着までの時間と金額を把握することで、そこに到着するまでのスピード（利回り）がわかるというのが、この計画期で最も大切なポイント**になるのです。

結論としては、**「できるかぎり多くの元本で、できるかぎり多くの積み立てを行い、できるかぎり長い期間、できるかぎり高い利回りで運用すること」**――この基本ルールのもとに、あなたの資産を最大限増やしていきましょう。

2 EXPERIENCE期
幅広くEXPERIENCE（経験）を積む

P：PLAN（計画期）ステップが完了したら、次のステップは**PECDの「E」にあたるEXPERIENCE（経験期）**です。資産運用を成功させるカギともいえる、「経験」を積む段階となります。

この段階は、資産運用における自分の得意分野は何なのかを、広く体験しながら見極めていく期間です。

運用利回りを理解したからといって、いきなり本格的に資産運用をスタートしてはいけません。まずは、**自分自身が「どのような資産運用の方法が得意なのか」を把握することが必要**です。

テニスの天才プレーヤーが野球やサッカーなどの世界では必ずしも成功できないように、資産運用でも株式、為替取引、不動産など、人によって得意分野は異なります。

仕事でも、営業は向いているけれど経理は不向きだったり、資料作成は優秀だが人前で話すのは苦手だったりと、得手不得手があるもの。

当然ながら、**資産運用でも、必ずあなたが得意だと感じるもの、苦手だと感じるものがあるはず**です。

そうはいっても、自分の向き不向きがすぐにわかるはずはありません。

では、どのようにすればわかるのでしょうか? 実は、親が自分の子どもに対して、いろいろな習い事をさせてみて、得意な才能を探すというところにヒントがあります。

多くの親は、子どもが小学生くらいになると、いろいろな習い事をさせてみます。運動の才能があるかもしれないと思って、水泳やバレー、野球やサッカーなど、いくつかの種類のスポーツを経験させるものです。そのなかで芽が出たもの（芽が出そうなもの）を深掘りしていきます。音楽やアート、勉強なども同じでしょう。

そのように、いろいろな種類を経験しトライ&エラーすることで、「この子は水泳の才能がある」とか「この子はピアノのセンスがある」などとわかってくるのです。親がプロゴルファーだから子どももプロゴルファーになる、というような特別な場合を除き、何も経験させないうちに、子どもの才能を決める親はあまりいません。

それと同じように、**私たちが資産運用を行うときにも、どのような方法が得意で、才能があるのかということを、まずトライ&エラーする必要があります。**

大きく分けると、株式投資が得意なのか、それとも不動産投資なのか、もしくはレバレッジをかけた為替取引なのかなど、自分自身の才能がどこにあるのかを、まず知ることが大切です。

さらに、株式投資に興味があるなら、どんな業種の会社に興味があるのか。建築なのか、ITなのか、アパレルなのか、などによっても、向き不向きが分かれるものなのです。

自分に合った資産運用法を見つけるには？

そこで、この**E：EXPERIENCE（経験期）**において、**さまざまな経験をしト**

ライ&エラーするということが必要になってきます。

トライ&エラーの前に、株式投資なら株式投資の知識を身につけることが重要です。知識を持ったうえで行わないと、運や勘に頼ることになるので、得意不得意がわかりません。**知識を身につけたあと、それをもとに少額ずつ、さまざまな投資を経験してみる**のです。

たとえば、1万円で投資信託を何種類か買ってみたり、数万円で買える企業の株式を複数買ってみたり、興味のある国の債券を買ってみたり、という具合です。

不動産をいくつも買うことは難しくても、不動産を証券化した**REIT**なら少額で何種類かの商品を購入することが可能です。

このE（経験）のステップで大切なのは、**興味のある分野を中心に、いろいろと試して得意分野を探す（=トライ&エラーする）こと。**

たとえば、株式投資が向いていると思ったものの、値動きが気になってそわそわしてしまうという人は、実はあまり向いていないかもしれません。為替取引にチャレンジしたものの、いつも思惑が外れてばかり、というケースもあるでしょう。

いずれにせよ、**少額とはいえ自分の大切なお金をリスクにさらして成功と失敗を繰り返**

すうちに、相性のよい分野が自然とわかってくるものです。

同時に、経験値も積み上がってきます。それまでは興味のなかった国際情勢のニュースや、株価や企業の動向をチェックして、知識が深まっていく人もいるでしょう。

このステップで試行錯誤した経験が、今後の資産形成で最高の武器となるのです。

一人ひとりの経済状況やライフスタイルによっても異なりますが、この**E（経験）のステップでは、最低でも7種類の運用方法を、6か月間ほどかけて試していきましょう。**

3 CONCENTRATION期
得意な運用にCONCENTRATION（集中）する

E：EXPERIENCE（経験期）ステップが完了したら、次のステップは**PECDの「C」にあたるCONCENTRATION（集中期）**です。
自分に向いている、得意だと判明した運用方法に集中して、**大きく「資産を増やしていく」時期**となります。

この章の冒頭でもお伝えしましたが、資産運用の常識として広まっている**「分散投資」は、リスクを抑えられる反面、増えるスピードも分散してしまいます。**
言ってみれば、ずっとブレーキを踏みながら車を運転しているようなものです。

しかし、ほとんどの富裕層は分散投資を行っています。それなのに、資産形成をしようとしている私たちは、なぜ分散投資ではだめなのでしょうか？

その理由は明確です。**「富裕層が富裕層になるまでに行っていたこと」**と、**「富裕層が富裕層になってから行っていること」が違う**からです。

これはとても大切なことなので、くわしく説明していきます。

富裕層は、どのようにして富裕層になったのか？

たとえば、ここに1人の富裕層になった人がいるとします。富裕層という定義は金融資産1億円以上とのことなので、そのくらいの人をイメージしてみてください。

その富裕層の人は、どのようにして資産を築いてきたのでしょうか？　それには、大きく分けて2つのパターンがあります。

1つ目は、医者や弁護士、スポーツ選手や会社経営など、ある1つの高い才能を仕事にして資産を築いた人。2つ目は、並みの収入でも、小さな元手から資産運用で資産を築いた人。

そのなかでも、２つ目の「仕事で貯めた元手をベースに資産運用で資産を築いた人」が、貧しい時期から富裕層になるまでに何を行ってきたかに焦点を当てると、私たちが資産形成するうえでの答えが見えてきます。

それが、**「集中投資」**なのです。

集中投資といっても、ギャンブルのようなやり方ではありません。**経験期でしっかりと自分の得意分野を見つけて、かつ、しっかり知識をつけたうえで、集中投資しています。**だからこそ、分散投資よりもはるかに高い利回りを出すことができ、そしてその結果、富裕層になっているのです。

そして**富裕層になってからは、大きく築いた資産を減らさないために、「分散投資」による資産運用を行っている**のです。

このように、富裕層がいま分散投資をやっているからといって、資産形成期である人が分散投資を行っても、富裕層のように資産が増えることはありません。**「富裕層が富裕層**

になるまでに何をやっていたか」に焦点を当てて、同じことをやるのが大切なのです。

ただし、集中投資というのは、大きく資産が減るリスクがあるということも知っておかなくてはなりません。では、富裕層はそのリスクをどのように回避しているのでしょうか？

答えは、「より深い知識とスキルでリスクヘッジ（回避）」をするということです。自分の得意分野がわかったら、その分野への知識を深め、より多く経験することでスキルを高め、リスクヘッジしているのです。

もう1つ、特徴的なことがあります。それは、「リスクに対する考え方」です。

人生においてお金には、大きく分けて2つのリスクがあります。1つは「資産が減るリスク」。そしてもう1つが「資産が増えないリスク（お金が足りないリスク）」です。

リスクというと、私たちは「資産が減るリスク」ばかりに目がいってしまいがちです。

しかしながら、実は収入が上がりづらく、少子高齢化で年金制度が崩壊しつつある今の社会では、将来に「資産が増えないリスク（お金が足りないリスク）」が、大きく私たちの背中

にのしかかってきているのです。

「先延ばしすればなんとかなる」とか、「会社や国がなんとかしてくれるだろう」という考えは、とても危険です。大人として経済的に自立することは、人生の選択肢を広げてくれるものとなり、一度きりの人生の充実度が変わってきます。

そういう意味でも、「資産が増えないリスク（お金が足りないリスク）」にあらためて目を向けて、第一歩を踏み出すきっかけにしていただけたらと思います。

2つのものを「集中」させる

さて、**E：EXPERIENCE（経験期）**で見つけた得意分野を再現性のあるものにして、**C：CONCENTRATION（集中期）**で大きく資産形成していくということをお伝えしました。

実は、この「集中」の効果は資産運用に限りません。たとえば、1つめのタイプとして挙げた、医者や弁護士、スポーツ選手や会社経営など、ある1つの高い才能を仕事にして資産を築いた人も、いわゆる集中投資をしています。

野球やサッカー、テニス、水泳、医者や経営者など、すべてのジャンルでプロになれる人などいません。幼いころからさまざまなスポーツを経験し、そのなかから野球に向いていると判明したときに、野球にお金、時間、知識、経験を集中させていくことで、一流選手になることができるのです。

ふだんの仕事でも同じことがいえるでしょう。企画や営業、経理、総務など、すべてにおいて優秀な人はいませんが、自分の得意分野を発見し、そこに集中することでスキルが上がっていきます。人生でもお金でも、「集中」を効果的に活用していきたいものです。

なお、資産運用での集中投資には、次の2つの「集中」が存在します。

1 「資金」の集中
2 「知識」の集中

この2つは、どちらも大切で、かつ、お互いを補い合う関係にあります。

たとえば、あなたの得意分野が「株式投資」と判明したとします。そのときに、その得意分野に資金を集中させることで、資金の増えるスピードが上がります。

ただし、スピードを上げるということは、事故のリスクなども高まってきますので、しっかりとしたリスクヘッジが必要となります。そのリスクヘッジが知識です。

資金を集中するのなら、しっかりとその分野の知識をつけ、知識の集中を行ったうえでリスクヘッジをし、リスクを限りなく減らしつつ、資産を築いていくということが大切になるのです。

なお、この集中投資の詳細な手法は「資産運用　超入門」としては難しくなるので、本書では大枠の考え方だけをお伝えしました。

興味のある方は、ファイナンシャルアカデミーのウェブサイト（https://www.f-academy.jp）をご覧ください。

4 DIVERSIFICATION期

DIVERSIFICATION（分散）してお金を守る

C：CONCENTRATION（集中期）ステップで大きく資産が増えたら、いよいよ次のステップはPECDの「D」にあたるDIVERSIFICATION（分散期）です。「大きく増えた資産を守る」段階となります。

P：PLAN（計画期）で設定した資産額に到着したら、いよいよ「分散投資」をしながら資産を守り、安定させていきます。

目標設定した資産額に到着したということは、「老後資金の不足リスク」がなくなったわけです。もう心配せずに、安定した一生を送ることができるようになります。

でも、ここからが重要なポイントです。さらに資産を増やしつづけることも1つの選択肢ではありますが、「老後資金の不足リスク」がなくなったということなら、次は「資産

が減るリスク」に目を向けて、資産を減らさないような手法を取るのがベストです。

それがこの、**D:DIVERSIFICATION(分散期)**なのです。

D:DIVERSIFICATION(分散期)では、**資産を減らさない投資法の王道、「分散投資」を行います。**

複数の種類に自分の資産を振り分けて、変動幅を減らし、資産が極力減らないような運用法が最も効果的です。

分散投資で大切な「アセットアロケーション」の考え方

集中投資の段階を終え、資産を守るための「分散投資」の段階では、いくつかの運用商品を組み合わせて運用する**「アセットアロケーション」(資産配分)**の考え方が大切です。

アセットアロケーションとは、日本語で「資産(アセット)配分(アロケーション)」のこと。**どの資産にどの程度の割合で投資するのかを決める**のが、アセットアロケーションです。

資産は、PART2でも出てきた、次の6種に分けられます（114ページ参照）。

1　株式（日本株・外国株）

2　債券（日本国債・外国債）

3　不動産

4　商品（コモディティ）

5　現預金（為替）

6　その他資産、デジタル資産

なお、「投資信託」には、株式を対象にした投資信託、債券を対象にした投資信託など、さまざまなタイプの商品があります。そのため、「投資対象」によって右の1〜6の分類（アセットクラス）に含めましょう。

どの資産をどのくらいの割合で持つかは、その人の資産状況やリスク許容度、運用目的などによって適切な配分が異なります。**1つだけに集中するより、いくつかに分散して持つことでリスクを避けることができる**のです。

たとえば、2000万円の資産のうち、株式・債券・為替を3分の1ずつ持っている人もいれば、資産の50％を不動産で保有し、残りを株式と債券で25％ずつ、という持ち方をする人もいます。

あなたはいま、どの資産を多く持っていますか？

もし、銀行預金だけなら、先の6つのアセットクラスのうち、「5　現預金（為替）」を持っていることになります。住宅ローンがまだ残っていて自宅マンションと銀行預金があるなら、「3　不動産」と「5　現預金（為替）」を多く持っているということです。

このような資産の種類（アセットクラス）ごとに、PART2で解説したような「値動き幅」（ボラティリティ）が存在します。

資産の種類ごとに値動きの特徴や相関性があるので、**これらを知ることで、適切な組み合わせを、適切な配分で保有することができるようになる**のです。

ここでは、分散投資の基本スタンスとして、この「アセットアロケーション」の考え方はとても大切だということを理解しておきましょう。

ポートフォリオをつくってみよう

アセットアロケーションというのは資産配分の戦略のことですが、具体的な銘柄でアセットアロケーションを実践した結果が**「ポートフォリオ」**です。

ポートフォリオとは、**自分が所有している資産（株式、債券、不動産、預金など）の組み合わせ**のことをいいます。

それぞれの資産の内容や特徴を把握したうえで、**どのような資産を、どのような配分で組み合わせれば実現できるのかを考える**わけです。

あくまでも1つの例ですが、「目標リターンが年利3％なら、預貯金30％、国内株式と

リスク・リターンに応じたポートフォリオのイメージ

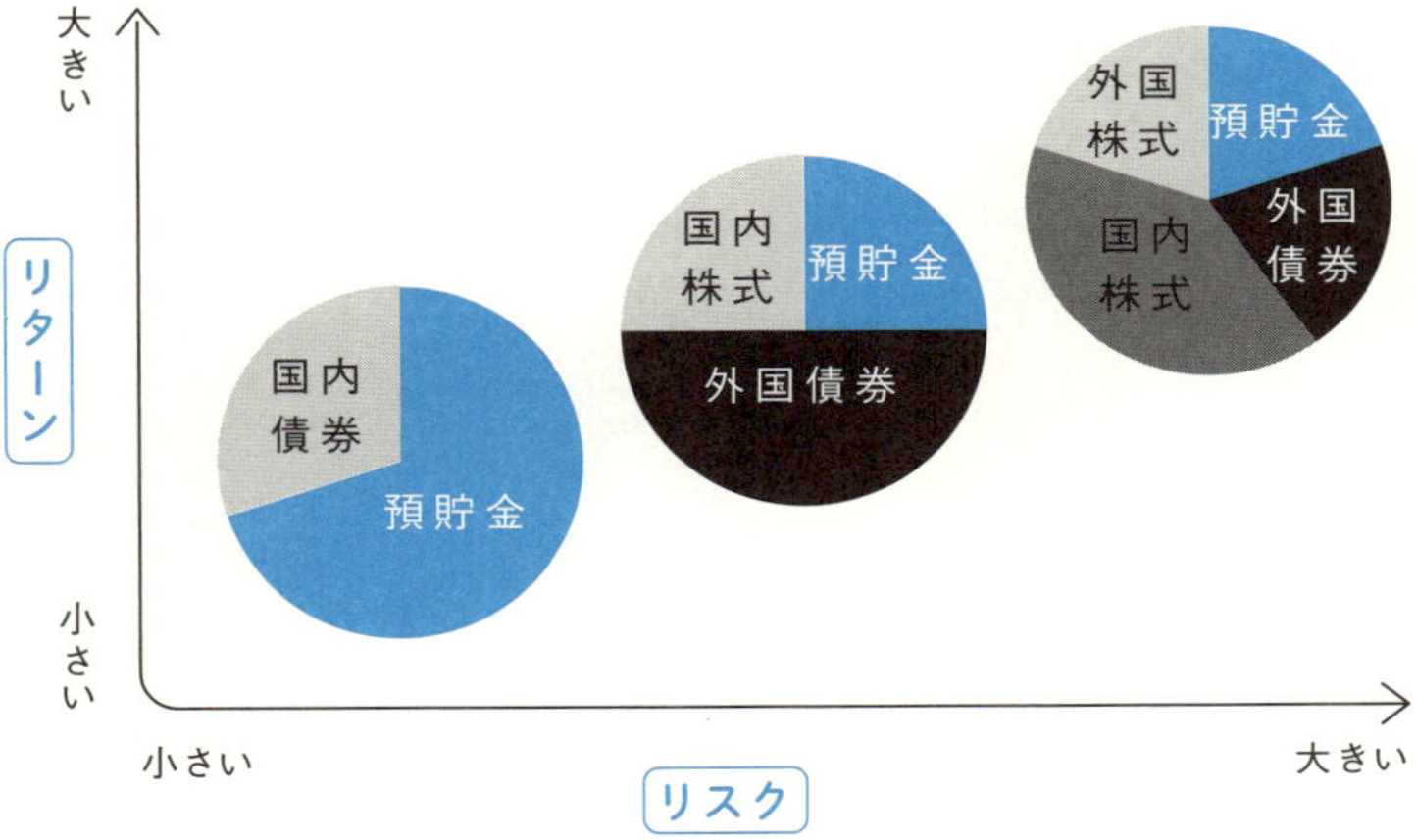

国内債券を35％ずつ保有する」「目標リターンが年利5％なら、国内債券と海外債券を20％ずつ、国内株式と海外株式を30％ずつ保有する」というように組み合わせます。

次ページのような円グラフにすると、よりわかりやすくなります。

D：DIVERSIFICATION（分散期）では、あえて高いリターンにチャレンジする必要はありません。

自分なりのポートフォリオをつくり、しっかり安定して、資産を守りながら増やしていけるよう調整していくことが大切なのです。

目標リターン別のポートフォリオの例

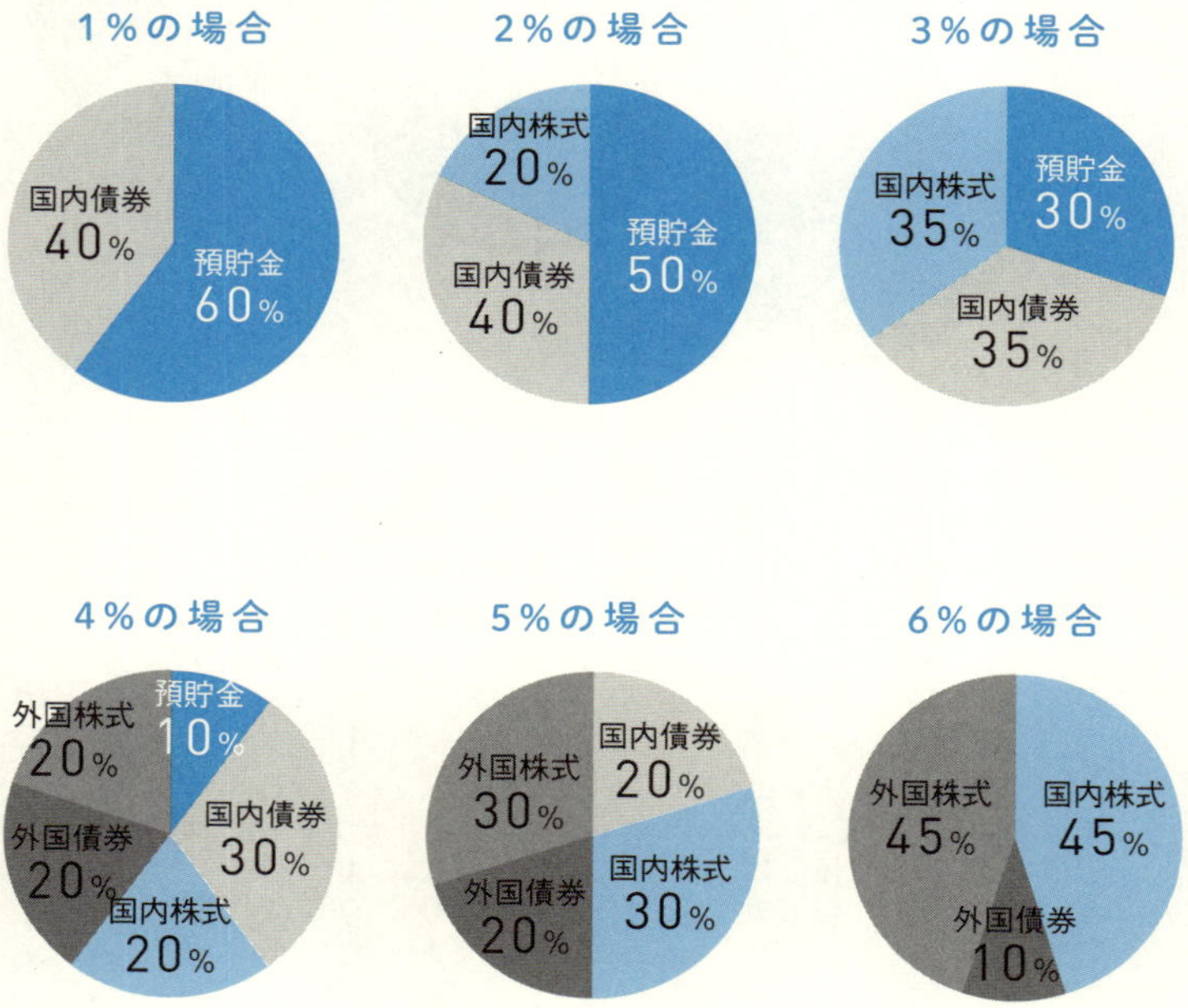

出典:年金積立金管理運用独立行政法人資料「アセットクラスごとの値動きの幅」をもとに算出

「家賃収入」を手に入れることで、長期的な安定を目指そう

「D：DIVERSIFICATION」（分散期）に入って安定している人は、多くの場合、不動産資産を保有しています。

不動産資産といってもマイホームではありません。部屋を他人に貸して賃料を得るという、不動産投資としての不動産資産です。

PART2でも学んだように、不動産投資からの賃料収入は長期的に安定した収入となり、「個人年金」と呼ぶ人もいるくらい、**毎月毎月、安定した収入をもたらしてくれます。**

値上がり益を主目的とする株式投資とは異なり、毎月のキャッシュフローを目的とする不動産投資は、将来、仕事を引退したあとでも、また仮に病気になったとしても、毎月毎月、家賃収入を運んできてくれる資産となるのです。

ただし、株式投資や為替取引のように少額で投資するのは難しく、マンションやアパートを購入するなら、最低でも数百万円くらいは元手が必要になってきます。

そのため、現在、投資金額が少ないけれど不動産投資をしてみたいという人は、**株式投資や為替取引によってまとまった資産をつくり、その後のステップとして不動産投資に取り組んでいくという順番がよいでしょう。**

column

うまい話にだまされないために

お金を増やす資産形成期、お金を減らさない資産保全期、いずれにおいても重要なのが、**「だまされない」「詐欺にあわない」**ことです。「自分だけは大丈夫！」と思っている人ほど引っかかるという説もありますから、過信は禁物です。

これからの時代、**うまい話の裏には何があるのかを見極める力も必要**です。というわけで、ここでは、自分の認識違いや知識不足のせいで損をしてしまうパターンから、犯罪レベルの詐欺のパターンまで、さまざまなケースを解説していきます。

だましのパターンを知ることで、同じようなケースに遭遇したときに回避することができるようになります。ですが、人間の記憶は忘れやすいものなので、1年に数回、読むことをおすすめします。

お金持ちになりたいなら、資産運用でお金持ちになった人に聞こう

「誰に相談するか」「どんな情報を信じるか」ということが、まず大切なポイントです。

水泳が上手になりたいと思ったら、当然のことながら、水泳の先生に学びますよね。資産運用に関しても同じことがいえます。**お金持ちになりたいなら、自分よりお金持ちに聞く**――これがベストです。

相手は自分よりお金持ちなのか？――運用について相談するときは、しっかり見極める習慣をつけましょう。

資産運用に関する情報を発信している、保険や家計のプロであるファイナンシャルプランナーや、マネー雑誌で、特定の銘柄や金融商品を推奨しているアナリストや経済評論家は、はたして資産運用によってお金持ちになっているのでしょうか？

その観点から、どのような人・情報を信じたらよいかを見極めましょう。

ポイント
その情報の発信者が何のプロなのかを見極める

金融商品の売り手の情報に惑わされない

証券会社の担当者や銀行の窓口で、「この金融商品はおトクですよ！ この銘柄は上がりますよ！」と言われたら、どうしますか？ 「プロがすすめるのだから、信じて買ってみる」という人も多いかもしれません。でも、ちょっと待ってください！

前項と同じく、「何のプロなのか」見極めてみましょう。このケースでは、金融商品でお金を増やしたプロではなく、あくまで金融商品のセールス（営業）のプロなのです。

立場を逆にして考えてみましょう。もし、あなたが証券会社のセールス担当者で、月間ノルマ1000万円分の金融商品を売らなければならない立場だったら、どんな商品を売るでしょうか？

お客さまにとって手数料が低く、利幅が大きい商品を売りますか？　それとも、お客さまにとっておトクとは言えないが、会社にとって手数料収入が多い商品でしょうか？

おのずと結果が見えてきますね。売り手側（証券会社）にとって、有利な商品を売られるということは、買い手であるあなたは損をしてしまうおそれがあるのです。

立場を変えて考えるこの方法は「両面思考」といって、「損しない」「だまされない」ために非常に有効です。

商品に付随する手数料などが適切な配分かどうか、私たち買い手には判断が難しいものです。これには、自分自身が知識をためていくしかありません。**ほかの金融商品と比較したり、中立的な立場の情報を知ることによって、判断力をアップさせていきましょう。**

ポイント

自分とは逆の立場で考える
「両面思考」を使ってみる

過信は禁物！「詐欺の仕組み」を知って身を守る

古今東西、尽きることのない**「投資詐欺」**に関しては、結果的に相手に損を負わせたというものではなく、明らかに「最初から相手からお金をだましとる」ことを目的としています。だからこそ、用意周到に準備され、一見信頼性が高く見える点も厄介です。

特に、金融商品に関する詐欺（投資詐欺）の手口として多用されるのが、**「ポンジ・スキーム（出資金詐欺）」**というもの。

これは、「出資してもらった資金を運用し、その利益を出資者に（配当金などとして）還元する」などと謳っておきながら、実際には資金運用を行わず、あとで参加させる別の出資者から新たに集めたお金を（やはり運用せず）以前からの出資者に「配当金」などと偽って渡すことで、あたかも資金運用が行われて利益が生まれ、それが配当されているかのように装う詐欺です。日本では、**「出資金詐欺」**ともいわれています。

これらは、**はじめから破綻することを前提にしており、出資者から得た資金を配当に回す自転車操業的なシステム**だといえるでしょう。

ちなみに、この「ポンジ・スキーム」の見極めポイントは次のとおりです。

1 通常の投資ではありえない高い利回り
2 最低投資額が少ない
3 毎月（もしくは毎年）定期的に配当される
4 紹介者にメリットがある仕組み
5 「元本保証」「急ぐ必要」「ここだけの話」といったキーワード

冷静な状態では、これで引っかかるわけがないと思うものですが、「利回りが高い」「少額からはじめられる」「毎月の配当金」など、出資者側の願望を巧妙に刺激する内容になっているので、被害者は後を絶ちません。

ほかにも投資詐欺は頻発しているので、詐欺の手口を知り、つねに警戒することが必要です。

290ページの表に、近年発生した投資詐欺事件をまとめているので、ぜひご一読ください。

「だまされない」「詐欺にあわない」ための最大の防御策は、284ページで触れた**「両面思考」を身につける**ことです。

発信者や商品の売り手側からの一方的な情報があふれる現代、その情報だけを盲信していると、発信者にとって都合のよい展開に利用されてしまいます。

「もし、自分が相手側だったらどうするか」「相手にとってのメリットと自分にとってのデメリットは何か」をつねに考える両面思考を習慣化すると、自分の身を守ることができるのです。

ポイント

詐欺の手口を知り、警戒を怠らない。「うまい話などない」と肝に銘じよう

金融庁が金融機関向けに発信した「顧客本位の業務運営」の裏にある現実

2017年4月、森金融庁長官（当時）が、投資信託などの金融商品を販売する金融機関に対して発信したメッセージが話題となりました。

要約すると以下のような内容となっており、国策としてNISAやiDeCoを普及させていくうえで、とても重要なメッセージとなっています。

・金融機関は、「顧客本位の業務運営」をしてほしい。
・顧客である消費者の利益を顧みず、金融機関の売り手の利益だけを上げればいいという風潮がある社会はおかしい。
・投資家の成功体験（＝利益を出す）がないから、みんな怖がって撤退してしまう。

金融庁がこのようなメッセージを出した背景には、金融機関が投資家から多くの手数料を取ることで利益を得て、その金融機関の利益が投資家の負担となり、投資で利益が出づらい構図があります。その構図を改善したいという意向から、金融庁はこのような公式メッセージを発信したのです。

そのなかでも印象的だったのが、日本で当時売られていた5406本の公募株式投資（投資信託）のうち、「つみたてNISA」の対象となりうる投資信託は50本弱しかない、との調査結果を発表したことです。

つまり、**世の中にある投資信託の99%は、手数料が高すぎて、投資家が損をしやすい構図になっている**ということです。その手数料体系などを改善するために、このような具体的な調査結果を金融庁が発表し、警鐘を鳴らしている現状があるのです。

このように販売業者が大きな利益を上げる一方で、個人投資家が損を被るというような事例は、たくさんあります。立派な詐欺といえるものから、詐欺とはならないまでもリスクとリターンのバランスがかなり悪いものまで存在します。

実際にどのような事例があるのかを次のページから紹介するので、同様の投資商品（投資案件）に注意し、しっかりと見極める力を持つようにしていきましょう。

ジャンル	近年ニュースとして取り上げられた問題	詳細
不動産投資	銀行による不動産投資不正融資	融資を行う銀行が、改ざんされた融資資料を黙認して融資実行していたというもの。投資用不動産のなかには、実際の価値からかけ離れた金額で販売されている物件も多数あるが、本来なら投資家の支払い能力や物件そのものの価値を評価したうえで融資を決定する銀行が、改ざんされた投資家の資産状況に関するプロフィールシートや融資審査書類を黙認して融資を実行していたという事例があった。
不動産投資	地面師詐欺	土地の所有者になりすまして売却を持ちかけ、多額の代金をだまし取る不動産をめぐる詐欺を行う者、もしくはそのような手法で行われる詐欺行為。大手銀行が数億円規模の被害にあう事例で明るみに出たが、個人間での小さな事例も多数存在する。
不動産投資	新興国の海外不動産投資	新興国（中南米、東南アジアなど）の不動産への投資を勧めて、以下のような謳い文句から、所定の金額の振り込みを促す。 ・アジアは必ず年利 30%が狙える ・今後地価が上がるから、今買わないのは損 ・不動産だから売ることもできる 入金後、連絡が取れなくなったり、実は投資した不動産は利回りが最悪な物件だったということもある。不動産に限らず、エネルギー開発やインフラ整備といった新興国投資を促す資産運用詐欺は多い。また、工事が着手される前に物件を購入する権利だけで売買されるプレビルド（Pre-build）（別名「青田売買」）といった投資もある。プレビルド方式と日本の一般的な支払い方式の最大の違いは、「手付け金の支払い回数」にある。日本では通常手付金は 1 回でまとめて支払うのに対し、複数回に分けて支払う。土地勘や相場観がなく、また法律も整備されていないため、詐欺被害も多数出ている。
FX	FX 自動売買ソフト	顧客に FX 取引の自動売買ソフトと称するソフトウェアを購入させ、海外の金融機関の口座に資金を投資させる手法。運用のプロが作成したソフトが、自動で売買をして利益を出す仕組みとしているが、実際に取引をしてみると利益が出ないことも多い。
仮想通貨	実態のない仮想通貨での詐欺コイン問題	「これからどんどん需要が増加する仮想通貨を今のうちに購入して、価値が上がったタイミングで売却することで、利益が得られる」として投資させる手法。実際には、存在しない仮想通貨だったり、詐欺目的に資金を集めるためにつくられた詐欺コインということもある。
すべて	投資コンサルタント詐欺	「投資のプロ」と謳う人と顧問契約を結んで、これから値上がりする金融商品に関する情報をもらったり、実際にお金を預けて資産運用をしてもらうというもの。しかし、顧問契約をしたとたんに連絡が取れなくなることや、紹介された銘柄を信じて購入したのに大損をしてしまったという事例もある。

近年発生したおもな投資詐欺事件

ジャンル	近年ニュースとして取り上げられた問題	詳細
投資信託	毎月分配型投資信託	毎月定められた日に決算が行われ、そのたびに投資家が分配金を受け取ることができるという点で、おこづかいとして受け取りたい、年金の足しにしたいという人の間で一時期話題となった。しかし、この分配金は必ずしも運用による利益から出ているわけではなく、投資信託に集まったお金を切り崩している場合もある。たとえば、100万円を投資して毎月1万円の分配金が受け取れる場合に、投資している投資信託が5000円分しか運用により利益を上げられていなかったとすると、分配されるのは利益分5000円＋元本分5000円となる。元本分の5000円は投資した資金がそのまま返却されているだけで、投資時や運用中の手数料も考慮すると、損失となっている可能性があることで、問題視された。
投資信託	高利回りファンド	架空の商品（ファンド）をつくり、高利回りをえさに投資家からお金を集める手法。 ・資産運用のプロが3年で資金を倍にしてくれる ・投資のプロが資産を確実に増やしてくれる ・絶対に損をしない資産運用先 などの謳い文句から、指定の口座への振り込みを促す。その後、連絡が取れなくなったり、入金したあとにファンドが解散していたりする事例が発生。
投資信託	高齢者への投資信託の不適切販売	日本証券業協会の指針に基づき、「高齢者の勧誘時は事前に意向確認する」と定めていたにもかかわらず、手続きを省いていたケースが大手銀行にて発覚した。購入する金融商品の理解が備わっていないまま、契約していた（させられていた）高齢者が非常に多く、なかには預金とまったく同じという説明を受けて契約していた高齢者もいた。
不動産投資	不動産会社によるサブリース問題	不動産管理会社が、賃貸アパート・マンションを満室家賃の80～90%程度で一棟丸ごと借り上げ、入居者に転貸して家賃を回収していくというもの。アパート建築後のオーナーの手間は一切不要として、安定した家賃収入を約束していたが、 ・そのエリアが持つ入居需要度を無視してアパートを建設しつづけたためのアパート供給過剰 ・周辺相場と合わない家賃設定や入居者需要に合わない設備などを理由に、入居者が埋まらないケースが発生。家賃を大幅見直しせざるを得なくなり、当初見込んでいた家賃収入とはかけ離れた収入となって、大きな赤字を抱える投資家が続出した。

おわりに

最後までお読みくださって、ありがとうございます。いかがでしたか？
初心者でも資産運用の全体像がつかめるように、わかりやすく噛み砕いて、資産運用について説明してきました。

いまの時代、資産運用というのはお金持ちのみが行う特別なことではありません。仕事でお金を稼いで生活し、資産運用で資産を築いて「老後資金の不足リスク」を回避し、豊かな将来を迎えるために必要なこととなっています。

でも、資産運用というのが「資産保全」と「資産形成」に分かれていることも知ることもないまま、そして資産運用の仕組みを知る機会もないまま、私たちは株式投資やＮＩＳＡやｉＤｅＣｏなどに触れるようになっています。
「貯蓄から投資へ」という国が発するスローガンの影響もあり、これからはさらに資産運用が身近になっていくでしょう。

そんな時代に、この本の内容はとても役に立つと思います。

私が創立し、代表を務めるファイナンシャルアカデミーは、創立から17年間、一貫して守り続けていることがあります。

それは**「中立性」**です。

この中立性というのは、なにか個別の金融商品を販売していると、なかなか難しいものです。たとえば、投資信託を売っている証券会社は、他社が販売している投資信託をおすすめすることはありません。そして証券会社は、保険や不動産が良いとは言いません。

だから**私たちは、金融商品の販売や、不動産の販売をまったく行わず、知識を提供するという「中立性を守り続けている」**のです。

私たちが資産形成していくためには、株も不動産も、そして投資信託も貯金も必要です。そして、証券会社や不動産会社ともつき合う必要があります。さらには、美術品や暗号資産、クラウドファンディングだって、身の回りに当たり前に存在しています。

そのような時代、正しいお金の知識がますます必要になってきているのです。

それを私たちは「お金の教養」と呼び、「お金の教養講座」というお金の知識を学べるセミナーを、10年以上前から無料で開催し続けて、お金の知識の大切さを普及し続けています。

信用経済のなかで溺れないために、正しいお金の教養を身につける。
豊かで不安のない生活を送るためにも、正しいお金の教養を身につける。

義務教育で教わらないお金の教養を正しく学び育むことが、私たちの人生にゆとりをもたらし、より良い人格形成の一助ともなるはずだと、私たちは信じています。

ファイナンシャルアカデミー　代表　泉　正人

お金をとことん増やしたい人のための
「資産運用」超入門

発行日　2019年12月25日　第1刷

Supervisor　泉正人
Author　ファイナンシャルアカデミー

Book Designer　小口翔平＋喜來詩織(tobufune)：カバー・本文
小林祐司：図版

Publication　株式会社ディスカヴァー・トゥエンティワン
〒102-0093　東京都千代田区平河町2-16-1 平河町森タワー11F
TEL　03-3237-8321(代表)
FAX　03-3237-8323
http://www.d21.co.jp

Publisher　干場弓子
Editor　三谷祐一　安永姫菜(編集協力:石橋和佳)

Editorial Group
Staff　千葉正幸　岩﨑麻衣　大竹朝子　大山聡子　木下智尋　谷中卓　林拓馬
藤田浩芳　松石悠　渡辺基志

Marketing Group
Staff　清水達也　佐藤昌幸　谷口奈緒美　蛯原昇　青木翔平　伊東佑真
井上竜之介　梅本翔太　小木曽礼丈　小田孝文　小山怜那　川島理　倉田華
越野志絵良　斎藤悠人　榊原僚　佐々木玲奈　佐竹祐哉　佐藤淳基
庄司知世　高橋雛乃　直林実咲　西川なつか　橋本莉奈　廣内悠理　古矢薫
堀部直人　三角真穂　宮田有利子　三輪真也　安永智洋　中澤泰宏

Business Development Group
Staff　飯田智樹　伊藤光太郎　志摩晃司　瀧俊樹　野﨑竜海　野中保奈美　林秀樹
早水真吾　原典宏　牧野類

IT & Logistic Group
Staff　小関勝則　大星多聞　岡本典子　小田木もも　中島俊平　山中麻吏
福田章平

Management Group
Staff　田中亜紀　松原史与志　岡村浩明　井筒浩　奥田千晶　杉田彰子　福永友紀
池田望　石光まゆ子　佐藤サラ圭

Assistant Staff
俵敬子　町田加奈子　丸山香織　井澤徳子　藤井多穂子　藤井かおり
葛目美枝子　伊藤香　鈴木洋子　石橋佐知子　畑野衣見　宮崎陽子
倉次みのり　川本寛子　王廰　高橋歩美　滝口景太郎

Proofreader　文字工房燦光
DTP　有限会社一企画
Printing　大日本印刷株式会社

ISBN978-4-7993-2577-3　